VIVRE AUX ÉCLATS

DENISE FABRE

VIVRE AUX ÉCLATS

Quarante ans de passions dans les coulisses de la télévision française

Avec la collaboration d'Albertine Gentou

Michel LAFON

**Hormis quelques noms changés
pour respecter l'anonymat de certaines personnes,
tous les faits rapportés ici sont authentiques.**

7-13, boulevard Paul-Émile Victor - Île de la Jatte
92521 Neuilly-sur-Seine Cedex

À Élodie et Olivia, mes filles chéries,
en espérant qu'elles retrouveront,
dans cette vie aux éclats,
la maman qui les aime.

– Avant-propos –

DE STRESS ET DE STRASS

Depuis maintenant quarante ans, mon existence s'est toujours partagée ainsi : moitié trac, moitié paillettes. Et ce n'est pas ce soir – 25 novembre 2001, nouvelle nuit des « 7 d'Or » – que cela va changer.

Je figure parmi les nominé(e)s en tant qu'animatrice de l'émission « Boléro » sur Télé Monte-Carlo. Bien que j'aie déjà reçu la récompense de la meilleure speakerine en 1975 et que j'aie souvent paru sur les listes des présentateurs et présentatrices sélectionnés, lorsque je dois me rendre à ce genre de cérémonie, chaque année, il me semble toujours que c'est la première fois. Et comme d'habitude, j'ai le cœur qui bat la chamade. Nous sommes tous pareils, même les plus grands artistes. À croire que, depuis le temps de l'enfance, rien n'a changé : nous avons toujours besoin qu'on nous donne une bonne note.

Ce soir, comme Francis, mon époux, doit orchestrer un important dîner dans le décor cosy de La Ferme Saint-Simon, son restaurant parisien désormais célèbre du VIIe arrondissement, ce sont nos enfants, Élodie et

Olivia – mes deux filles jumelles nées en 1980 – qui m'escorteront. Mais avant le grand départ, toute la famille participe ! Car nous habitons tous le même immeuble, près de la Porte de Villiers, dans le XVIIe arrondissement de Paris. Les filles ont chacune un studio à différents étages, Francis et moi demeurons dans l'appartement que j'avais acheté à mes débuts, bien avant que nous soyons mariés, et ma chère maman, à l'état civil Louise Truchi, vit juste en dessous.

Ce soir, donc, branle-bas de combat ! On monte chez l'une, on descend chez l'autre pour savoir qui va mettre quoi. Entre deux essayages, j'explique à qui veut m'écouter :

– Ce ne sera qu'une formalité ! Je n'ai aucune chance ! Je suis sûre qu'on prévient les gagnants, ne serait-ce que pour qu'ils préparent leur texte de remerciements. Or personne ne m'a rien dit. En plus, cette année, avec Anne Sinclair dans la compétition...

Ma mère tente de m'apaiser. Mission impossible ! Je reprends déjà :

– Je suis certaine de ne pas l'avoir. Et aujourd'hui plus que jamais !

– Calme-toi, maman, murmure Élodie.

– Pour nous, en tout cas, tu es la meilleure ! ajoute ma mère. C'est l'essentiel.

– Mes chéries, dis-je en prenant mes filles dans mes bras, c'est sympa de m'accompagner. Au moins, on va faire la fête toutes les trois. Vous avez raison : détendons-nous !

Parler de détente en cet instant est pourtant une hérésie. J'ai couru me faire faire un brushing, suis revenue en trombe à notre domicile, et en avant pour le maquillage ! Le maquillage est plus qu'une parure, c'est une protection. J'appelle ces fards « mes peintures de guerre ». Vite mon smoking Saint Laurent, un dernier coup d'œil dans la glace, un nuage de *Shalimar* et nous voilà dans l'ascenseur.

Francis nous conduit en voiture vers l'hippodrome d'Auteuil où est dressée, m'a-t-on dit, une gigantesque tente de réception, mais un brusque orage crée des bouchons et nous empêche d'avancer. Finalement, nous sommes obligées de quitter notre habitacle et de poursuivre à pied sous l'ondée. Comme il se doit, je n'ai pas pris de parapluie... Je peste contre cet imprévu. La distance qui nous sépare de l'entrée et du comité d'accueil me semble infinie... Par crainte que les portes ne se ferment, on se met à courir. Quand je pense que je suis allée chez le coiffeur ! Je n'ose imaginer la tête que je dois avoir.

On parvient enfin à approcher en se frayant un passage au milieu des voituriers et des embouteillages monstres. L'heure passe dangereusement. On touche au but. Ça y est ! On franchit le dais d'honneur. J'essaie de regonfler ma coiffure et de réajuster ma tenue, mais je n'en ai pas le temps. Les flashes crépitent. La haie de photographes est là. Avec les filles, nous nous immobilisons et offrons à l'objectif notre plus beau sourire.

Olivia et Élodie me poussent du coude et soufflent :

– Maman, il y a Jean Dujardin et Alexandra Lamy, tu sais, « Un gars, une fille » !

– Et Benjamin Castaldi !

– Et Michel !

Mes filles ne peuvent contenir leur enthousiasme en retrouvant Michel Drucker, le parrain de l'une d'elles. Cela me remonte le moral et me fait oublier l'effet dévastateur de la pluie sur mon accoutrement. Dans un tohu-bohu généralisé, nous nous installons à la place qui nous est attribuée... En m'asseyant je songe à l'an passé, où je comptais déjà parmi les nominées et où je n'ai pas obtenu la moindre récompense. C'est le jeu. L'important est de participer et « d'en être », sans éprouver aucun ressentiment. Après tout, c'est déjà fabuleux de voir son travail apprécié et d'être encore nominée après tant d'années...

*
**

Le spectacle commence. L'ambiance est électrique. Les filles me prodiguent leurs conseils :

– Si jamais c'est toi, fais attention aux marches, il y en a plein. Ne te casse pas la figure.

Font-elles allusion à mon côté « miss catastrophe » ? Je ris... J'écoute le nom des premiers primés, vote du public et vote des professionnels confondus. La récompense pour le meilleur divertissement va à « Un gars, une fille » ; la série *La Bicyclette bleue* est couronnée ; « On a tout essayé » emporte la palme de l'humour ; « Bouillon de culture » celle de la culture, comme il se doit, et « Loft Story » celle des jeux.

Les étoiles du petit écran illuminent la soirée : Michel Drucker, Jean-Luc Delarue, Daniela Lumbroso, Patrick Sébastien... Derrière le bar où il officie, Thierry Ardisson ne contient plus sa joie quand il apprend qu'il est récompensé pour la meilleure émission musicale : « La Nuit Gainsbourg ».

Chaque fois qu'un « primé » prend la parole, je remarque : « Ça, c'est bien dit ! Il faudrait que je m'en souvienne si jamais... Mais non ! Inutile d'angoisser, on m'aurait prévenue si je l'avais. »

Le temps s'écoule lentement. Vu les retards, le « 7 d'Or » de la meilleure animatrice va dans le meilleur des cas passer aux alentours de 23 h 15. Plus ça va, plus le trac augmente.

Les têtes d'affiche et les gagnants défilent, les gags aussi. On assiste à une parodie décoiffante de « Qui veut gagner des millions ? » improvisée par Michèle Laroque et Pierre Palmade.

Curieusement, je me sens dans un état second, je ne réussis pas à me concentrer. Soudain, un chahut, un tapage me sort de mon apathie. Toute la salle s'agite et se retourne. Quelqu'un crée l'événement.

Un bruit de haut-parleur. Des cris. Des rires. Des sifflets. Un homme en tenue d'Adam, enfin... tout juste affublé d'un string, fait le tour de la salle avant de se retrouver sur la scène.

– C'est Michaël Youn, dit-on autour de moi.

Je reconnais le joyeux trublion. Tous les matins sur M6, avec sa bande d'olibrius, il anime le « Morning Live » en présentant un mélange de rubriques pratiques, de clips et de sketchs au cours desquels il n'hésite pas à parodier « Pop Stars » et tous les autres succès de la chaîne. Il faut avouer que ce garçon bardé de diplômes, vingt-sept ans, ex-animateur radio sur Skyrock, sait mettre la gomme. Avec lui, difficile de ne pas participer. D'office et sans même demander un droit de parole, Michaël se contorsionne et apostrophe l'assemblée en agitant son mégaphone de façon suggestive. Il gesticule, montre ses fesses. Tout autre que lui serait vulgaire. Mais devant un tel provocateur, on craque et on éclate de rire...

Brusquement, j'aperçois la ravissante présentatrice de « Téva-décoration », l'une de mes « rivales », vêtue d'une robe rouge somptueuse. Sur la même rangée, autour d'elle, toute son équipe, rien que des femmes. Inutile d'ajouter qu'elle est vraiment bien placée. Plus la peine de gamberger ! Cette fille connaît remarquablement son métier. Les jeux sont faits. Quand arrive le moment d'ouvrir l'enveloppe de la meilleure animatrice, je m'enfonce dans mon fauteuil.

Sur scène, Laurent Baffie s'approche du micro. Laissant entendre qu'il a lu mon nom à travers le papier, il m'interpelle :

– Denise, prépare-toi.

La personne qui représente Télé Monte-Carlo se tourne alors vers moi et murmure :

– Le salaud ! C'est encore une de ses blagues ! On le sait bien, qu'on ne l'a pas ! Tout à l'heure, j'irai lui dire deux mots...

Mais déjà sa diatribe se fond dans le brouhaha. Soudain tout bascule. Les caméras se pointent sur nous. J'ai l'impression de plonger dans la mer comme quand on boit la tasse. Sous l'eau, on n'entend rien et, à la surface, le bruit des estivants paraît assourdissant. Là, c'est pareil. L'instant de silence qui précède la divulgation du vote semble s'éterniser. Mon regard se voile. Je crois m'évanouir. Puis deux mots résonnent, juste deux petits mots qui me délivrent de mon malaise :

– Denise Fabre !

Folles de joie mes filles se lèvent, m'arrachent de mon siège, m'embrassent avec effusion et me poussent vers la gloire. Tant bien que mal, je rejoins l'allée et me concentre sur l'ascension des marches. « Ne va pas te casser la figure ! » ont dit les petites...

Parvenue enfin sur le plateau, je n'ai que le temps de respirer, de remercier : Michaël Youn se met debout et m'applaudit.

Je réalise soudain que ce joyeux personnage appartient à une tranche d'âge qui m'aime bien. Nombre de trentenaires ont passé des après-midi ou des soirées de leur enfance avec moi. Beaucoup d'entre eux viennent me dire encore aujourd'hui : « Je me souviens de vous, mon père vous adorait, ma maman vous trouvait sympathique... » Plusieurs générations m'ont ainsi suivie. Je m'en rends compte ce soir encore.

Bientôt Michaël Youn entraîne la salle entière et l'assemblée se lève au fur et à mesure. J'en reste muette. Michaël a improvisé pour moi une *standing ovation* ! Je n'ose y croire. C'est la folie ! Une marée humaine m'envoie son amour.

– Merci, merci...

Enchantée, et d'autant plus ravie de la présence de mes filles, je brandis mon trophée vers la caméra pour l'offrir à maman qui doit être devant son poste. Ensuite, ensuite... Je redescends vers le public, « mon public », aimerais-je dire. Un tourbillon m'emporte. Les uns m'embrassent, les autres me congratulent. La distribution des prix se poursuit...

Une fois le cérémonial clos, comme à l'accoutumée, nous, les professionnels, accomplissons notre tour de piste dans les coulisses, les *« backstages »*. Là, un délire sans nom règne. Ruquier et Ardisson, heureux de se distinguer, se déchaînent. Je croise Michaël et le remercie.

– Vraiment, c'est vachement sympa de m'avoir soutenue ainsi. Je ne l'oublierai pas.

On s'embrasse. Un instant, on se regarde. Un courant d'affection passe. Je lis dans ses yeux une intelligence acérée. On voit qu'il aime jouer, que la provoc' l'amuse. Puis ses potes l'appellent et il disparaît.

L'ambiance est à son top. Les plaisanteries fusent, le champagne coule à flots, les esprits s'échauffent, plus personne ne peut plus contenir personne... En tout cas on ne peut plus respirer et je préfère m'enfuir.

*
**

Follement heureuse, je rejoins mes filles. La soirée s'achève par un dîner, encore du champagne et des rires. Un peu ivre, non d'alcool mais d'émotion, je refuse d'aller me coucher.

Cette nuit-là, pendant que la famille dormait, j'ai feuilleté la revue de presse où maman rassemble les articles qui me concernent. J'ai relu certains reportages, retrouvé les figures familières, les espoirs, les peurs, les fous rires et toutes les célébrités qui avaient illuminé cette vie de stress et de strass. J'ai eu la fugitive envie de parler d'eux...

Soudain, sous mes doigts fureteurs, j'ai retrouvé des photographies jaunies par le temps. Ma mère, rayonnante dans sa trentaine, un bébé dans les bras, les yeux déjà en amande... Puis un médaillon. Moi à cinq ans, un brin potelée comme on dit dans le Midi, lors de vacances en Haute-Savoie. Alors les souvenirs ont afflué, ceux de l'enfance difficile, de l'adolescence rebelle enfermée, de l'âge adulte en rouge et noir. Une vie aux éclats, avec ses souffrances et ses émerveillements, une vie de gaieté tenace, de chance entêtée et de rencontres fabuleuses.

Cette nuit-là, j'ai commencé ce livre...

– Livre 1 –

LA MAL PARTIE

– I –

CARNAVAL !

Une envie de spectacle...

Sur les trottoirs, déguisés en marquis, Gitanes, princesses ou rois mages, les enfants crient leur admiration en découvrant le cortège de sa majesté le Roi Carnaval. Des bruits de tambours, de cymbales, de percussions et de batteries résonnent partout dans la ville. Que ce soit dans le Vieux-Nice ou sur la Promenade des Anglais, touristes et autochtones, toutes générations confondues, se pressent pour assister à ce spectacle unique qui pourrait prétendre rivaliser avec celui de Rio de Janeiro. Il en va ainsi depuis des siècles : pour le Mardi gras, on se jette pendant une semaine dans la fête.

Sous une pluie de confettis, un loup couvrant le pourtour de mes yeux, je ne perds pas une miette des tableaux vivants qui se succèdent. J'ai sept ans et je déambule en m'agrippant à la main de ma grand-mère maternelle, Segondine, la femme de mon grand-père Paul, un héros de la guerre de 1914 qui, à la maison, continue de nous imposer les rigueurs d'autrefois.

Mais, pour l'heure, je veux oublier la vie dans nos murs. Je suis Alice au pays des merveilles. Et du grandiose ! Je me sens minuscule. Tout est tellement énorme, surdimensionné. Allégresse, bousculades... Soudain deux grandes mains me saisissent et me soulèvent dans les airs. Me voici sur un char, au bras d'un immense clown de carton-pâte. La magie de la fête me pénètre. Ah ! Si seulement cette marionnette magique pouvait m'enlever, et m'emporter dans son royaume !

Lorsque ma grand-mère me reprend dans ses bras, j'ai des étoiles dans les yeux et dans la tête. Ces réjouissances me donnent des ailes.

Un peu plus tard, chacun participe aux traditionnelles batailles de fleurs dans une explosion de coloris éclatants. Mosaïques de mimosas, giroflées, iris, lys, soucis, œillets, roses, glaïeuls, renoncules et tournesols décorent les chars.

C'est la vie, c'est Nice, c'est mon pays ! Et tout ce que j'aime : les fleurs, les parfums, la musique, les rires... Tout ce que j'ai perdu depuis que papa a quitté maman et que, vu la fièvre de vivre qui m'anime, on a préféré me mettre en pension...

– II –

LE DÉBUT DES OFFENSES

Plus de père pour me prendre par la main

Mes parents ont divorcé lorsque j'avais quatre ans. Après la mort de mon petit frère emporté encore nourrisson par une mauvaise bronchite, Henri, mon père, est parti vivre avec Odette, la meilleure amie de ma mère, une brune aux cheveux permanentés qui ne pouvait pas me sentir.

Pourtant, quand je regarde ma maman à l'époque, je la trouve aussi jolie et aussi distinguée qu'une princesse. Je ne comprends pas cet abandon. Papa a perdu au change et s'est perdu. Et moi je me sens spoliée, dessaisie de cet homme qui représente pour moi l'idéal masculin. Grand, athlétique, sportif, avec de magnifiques yeux verts, mon père possède tout ce qu'on peut attendre apparemment d'un père, et tout ce qui me manque et me manquera à jamais.

Toutefois, on me l'a confirmé par la suite, même avant son départ, papa ne se montrait pas toujours tendre avec maman. Mon grand-père ne comprenait pas comment elle pouvait endurer tout cela avec un pareil stoïcisme. Cris, disputes, tromperies, gestes malencontreux... Mais, enfant, je ne voulais rien voir. Et dans ma jeunesse, comme j'adorais mon père, j'ai refusé l'évidence. Je me rappelle pourtant certaines scènes où papa se mettait en colère et se faisait menaçant. Je crois me souvenir de ma peur et de mes larmes... Mais, phénomène classique, j'ai occulté cet empêchement majeur de faire de mon père un héros. Quand on est enfant ou adolescent, on se défend de découvrir les choses sordides qu'on n'a pas envie de connaître. On ne veut pas se plonger dans le glauque. C'est un réflexe d'autoprotection. Je n'ai pas échappé à la règle. Et je me serais fait couper en morceaux plutôt que d'avouer que chez moi ça n'allait pas.

Après le départ de papa, nous avons encore profité quelque temps de la villa des Mimosas, notre maison des Vespins, à Cagnes-sur-Mer, qui gardera toujours pour moi un goût de paradis. Nous habitions tous là : mes grands-parents maternels, maman, oncle Robert – un flûtiste de grand talent qui jouait à l'opéra de Nice – et moi au centre de cette maisonnée, libre, profitant de ce lieu magique dès que je sortais de l'école maternelle.

Je me souviens de la large allée bordée de citronniers et de mandariniers qui menait à notre demeure, des tonnelles, des orangers, des mimosas... Je me revois, aidant grand-père Paul au jardin, le tablier couvert de terre, les mains et les bras aussi : j'en mettais partout, dans une jubilation sans pareille. Ma petite chienne

Cora me suivait à la trace. Papa me manquait moins, dans ces moments-là...

Mais vint un jour où mon grand-père se sentit vieillir, incapable d'entretenir les innombrables plantes et le potager de la villa. En outre maman avait dû trouver du travail. Elle œuvrait dans un magasin de mode, à Nice. L'aller-retour quotidien entre Cagnes et Nice devenait fatigant. Les adultes ont jugé qu'il valait mieux vendre la maison et trouver un appartement dans la ville où ma mère travaillait. Nous avons donc emménagé près de l'avenue de la Victoire, où se trouvait la boutique de maman, loin de mes chers arômes, kakis et seringas, et sans Cora, dont j'ai dû me séparer malgré moi lors de ce changement d'existence.

Ce fut la première fracture. La deuxième n'allait pas tarder...

Il est vrai que je me sentais dans cet appartement comme un fauve en cage. Il me fallait de l'espace, des chansons, de la terre à mes souliers, des fleurs ! Que faire d'une pareille vitalité ?

La mettre en pension.

Oh, je sais ! Ce n'est pas a priori un drame. Sauf que je l'ai vécu comme un enfermement.

Un enfermement qui allait durer des années.

*
**

Ça a commencé à Sainte-Thérèse-de-l'Enfant-Jésus, du côté de Magnan, puis on m'a inscrite à Blanche-de-Castille, un autre établissement religieux, où j'ai poursuivi la quasi-totalité de mes classes. Certes, j'y ai reçu une bonne éducation ! J'ai su ce que c'était que de se plier à une discipline de fer. Mais j'y ai aussi appris la solitude, et découvert une forme d'inhumanité. Je me rappelle, en particulier, nos promenades du jeudi, quand nous déambulions avenue de la Victoire... Nous avancions en rangs, deux par deux, les plus petites devant, les plus grandes derrière. La boutique de maman était là, sur le trottoir d'en face, et impossible de traverser pour aller l'embrasser : « Il ne faut pas casser le rang ! »

De toute façon, que ce soit chez les sœurs de Sainte-Thérèse-de-l'Enfant-Jésus ou chez les dominicaines de Blanche-de-Castille, les internes – dont je faisais partie – se voyaient privées de tout contact extérieur. C'était d'autant plus douloureux quand Dany, ma meilleure amie, me racontait les divertissements qu'elle vivait hors les murs.

Pendant les congés, j'allais en « colo ». Avec ma maman on ne se voyait pas beaucoup, ça me manquait. Je ne me souviens pas de vacances passées ensemble, de ces moments où votre mère vient vous prendre et où l'on part quinze jours quelque part. Je n'ai jamais connu ça. Ni avec maman, ni avec papa : à part les week-ends – quand il y pensait –, je ne le voyais pas. Tout cela à cause de leur séparation !

Aujourd'hui, lorsque des couples me disent : « Nous avons réussi notre divorce », je leur réponds : « C'est pour vous faire plaisir que vous le prétendez, mais si vous demandiez à vos enfants ce qu'ils en pensent réellement, vous seriez peut-être moins contents de vous. » On n'a pas réussi son mariage mais on réussit son divorce. Ça me fait mal d'entendre ça ! Quand vous êtes un enfant, vous n'avez qu'une envie, c'est de voir votre père et votre mère ensemble. En tant que fille de divorcés, je suis particulièrement touchée par ce fait de société. Cela m'a vraiment marquée, meurtrie de longues années.

*
**

Les seuls moments de récréation et de plaisir sont les déjeuners du dimanche chez tante Émilie, où oncle Valentin et mon cousin Francis nous mijotent des petits farcis et une daube à la niçoise à tomber à la renverse. C'est chaleureux, convivial. À travers eux tous rassemblés, je profite d'une vie de famille dont je suis habituellement privée.

Vers 16 heures, après des desserts à vous faire damner, on se rend au kiosque à musique pour écouter l'orchestre municipal où se distinguent l'oncle Robert et aussi mon grand-père, Paul, qui joue du saxo. Les écouter tous les deux m'emplit de bonheur et de fierté. Enfin... là, quand ils jouent en plein air ! Parce que dans l'appartement, entre la flûte et le saxo, on ne s'entend plus ! Les voisins rouspètent, ma grand-mère se bouche les oreilles, maman supporte dignement les décibels et, moi, j'attends avec impatience le dimanche où enfin mon père n'oubliera pas notre rendez-vous...

*
**

Quand il vient me chercher, c'est la joie. Une journée entière avec lui ! Ardent supporter de l'OGCN, l'équipe de Nice, il m'emmène voir des matches de football. Avant d'entrer dans le stade, de peur que je m'ennuie, il m'achète un gros album de *Fillette*, plein de bandes dessinées.

Comme si j'allais m'ennuyer ! Du moment que je reste à ses côtés, que je le regarde, je suis heureuse. Ce n'est pas le foot que j'aime, c'est lui.

C'est la grande époque du ballon rond, tout le monde hurle dans les gradins. Moi je m'en moque : je suis avec mon papa. Un Dieu pour moi. Je ne regarde que lui. Je l'adore. Qu'importe si je ne fréquente pas sa famille, ses parents, ses cousins. Lui seul me suffit.

Le foot mis à part, on se balade en voiture. On va déguster une glace sur le petit port de Villefranche-sur-Mer. Il me fait visiter l'arrière-pays niçois. On pique-nique dans les jardins du mont Boron ou aux alentours du mont Alban, ou l'on part dévorer un pan-bagnat dans la vieille ville de Nice, ancien repaire de brigands.

Papa me fait aussi découvrir les beaux quartiers où se sont installés, dès la fin du XIXe siècle, beaucoup de riches Anglais et de Russes blancs, dont il me fait visiter le lieu de culte : la cathédrale Saint-Nicolas.

Inutile de dire combien le retour au bercail se montre difficile. Surtout quand on est accueillie par une marâtre de belle-mère. J'aimerais bien éviter d'utiliser ce genre de cliché mais il me paraît impossible de parler autrement d'Odette, la nouvelle femme de mon père. À chacune de nos sorties, elle me prend à part et essaie de m'extorquer des informations.

Un jour, elle me saute carrément dessus :

– Où étiez-vous passés ? Ça fait des heures que vous êtes partis... Es-tu bien sûre que tu étais avec lui ? Il ne t'a pas laissée en garderie quelque part pour aller retrouver l'une de ces créatures dont il raffole ?

Autant de questions, autant de silences. Elle insiste. Excédée, je lui dis que non. Elle ne veut pas me croire. Le ton monte. Je crois qu'elle ne m'aime pas. En fait, j'en suis certaine et je le lui rends bien. Moi, je la hais.

Plus je grandis, plus elle déteste qu'on aille se promener tous les deux, et moins elle supporte notre complicité. Comme papa gagne bien sa vie, il me gâte et m'offre de nombreux cadeaux, une façon de compenser ses absences, ses oublis, mes désespoirs...

J'ai pourtant appris, par la suite, que mon père avait songé à se lancer dans une démarche juridique pour essayer d'obtenir qu'on lui confie ma garde. Aujourd'hui, je me demande ce que ma vie serait devenue avec ma belle-mère s'il avait réussi. Quoi qu'il en soit, le destin allait en décider autrement...

*
**

Le matin de mes dix ans, en colonie de vacances en Haute-Savoie, à Juffly-Fillinges, je joue avec un caillou acéré et je me blesse au doigt. Je saigne. Les responsables s'empressent de soigner la plaie et chacun reprend vite ses activités pour profiter des derniers instants de loisirs : les congés seront bientôt terminés.

Plus tard, lors de la distribution du courrier, je reçois un colis de maman – c'est mon anniversaire ! – et une lettre signée d'Odette, la nouvelle femme de mon père. Quand je l'ai décachetée, le papier a entaillé mon écorchure et le sang a coulé de nouveau, salissant une partie de la missive. J'essaie de lire quand même. Odette me demande de passer les voir tous les deux à mon retour de colo. Tout d'abord, je m'étonne de ne trouver que la signature de ma belle-mère puis je me rassure en me convainquant que le sang a masqué le paraphe de mon père. Toute la journée, je me demande ce qui me vaut la soudaine gentillesse d'Odette et je m'inquiète. Pressentiment ?

Deux jours plus tard, lorsque les vacances arrivent à leur fin, je rentre à Nice. À la maison, tout semble normal, tranquille. Presque *trop* tranquille. Immédiatement, je demande à aller voir mon père. Mais chacun reporte la visite requise. Malgré mon jeune âge, je perçois dans les mines crispées des adultes comme un non-dit, et un danger. J'observe les visages, guette les réactions, les commentaires. Rien. On dirait que l'on veut me cacher quelque chose. Mais comme chacun s'affaire à ses diverses occupations, je pense que j'affabule et je décide alors de me rendre chez mon père, pour l'embrasser, avec ou sans permission.

Le matin du 8 septembre, dès le petit déjeuner, je sais que je ne laisserai pas passer un jour de plus sans le voir. Je me prépare avec un soin particulier. Je veux faire honneur à papa. Je mets la robe bleu ciel brodée qu'il m'a offerte pour les grandes occasions avec le manteau assorti en drap gris-bleu, double boutonnage et col de velours noir.

Et sans prévenir qui que ce soit, je m'éclipse. Dans ma hâte de retrouver papa, je remonte en courant l'avenue de la Victoire. Bientôt j'aperçois l'immeuble paternel et pique un dernier sprint. Me voici dans le hall. Mais alors que je m'apprête à saisir la rampe de l'escalier, une main m'agrippe. C'est la gardienne.

– Où vas-tu comme ça ? s'enquiert-elle.

– Vous le savez bien... Je vais voir papa !

– Mais ma pauvre petite, tu ne sais pas ? Ce n'est pas possible ! On ne t'a rien dit...

– Mais que voulez-vous qu'on me dise ? demandé-je, soudain angoissée.

– Mais... ton papa a eu un accident ! Il est mort !

Les mots se perdent dans un vertige. Pas besoin de me faire préciser à quel moment mon père s'est éteint. Je le sais. C'est le 5 septembre, le jour de mon anniversaire et de celui de mon petit frère si tragiquement et si tôt disparu. Une date maudite...

Un voile sombre envahit mes yeux et je lutte pour ne pas m'évanouir. La douleur est trop vive. Apprendre aussi brutalement la mort de papa décuple la souffrance et m'empêchera longtemps de faire mon deuil. Je ne sais si je l'ai pleuré... Mais mon père n'a cessé de me manquer, et ce à chaque instant de mon existence. Si papa avait été là pour me protéger, pour empêcher qu'on me fasse mal, j'aurais été moins vulnérable et on se serait moins permis de me critiquer, de me blesser, de me punir à tort.

C'est du moins ce que j'ai toujours voulu croire.

En tout cas, à partir de ce terrible jour, plus jamais je n'ai voulu porter de bleu ciel de ma vie. Cette couleur est pour moi celle du désespoir : j'étais si heureuse de retrouver papa, ce jour-là, avec ma petite robe aux reflets d'azur...

*
**

Après le décès de papa, personne ne se gêne pour nous manipuler. En ces sinistres circonstances, cela commence dès qu'on aborde les formalités concernant la succession chez le notaire. Odette attaque haut et fort. Sans que l'on sache comment elle s'est débrouillée, papa a mis tous ses biens à son nom. En clair, nous n'avons droit à rien.

Comme d'habitude, maman accepte l'adversité avec courage et dignité. Pour ce qui me concerne, on m'accorde quelques parcelles de terrain situées sur des collines difficiles d'accès dans l'arrière-pays. Mais ce n'est pas ça l'important. L'important, le pire, c'est ce qui suit : la famille de mon père m'annonce que je vais avoir une tutrice, une parente éloignée de ma famille paternelle et sans enfant. D'emblée, de toutes les forces de mes dix ans, je la déteste, je ne la supporte pas. Qu'est-ce qu'elle croit ? Qu'elle va remplacer papa ? Mais papa est irremplaçable ! Et maman est assez grande pour s'occuper de moi.

En fait, les Fabre (côté paternel) et les Truchi (côté maman) s'entendent à peu près aussi bien que les Montaigu et les Capulet. La famille de mon père a sans doute pensé que nommer une tutrice était une façon de se dédouaner en faisant preuve de compassion et d'entraide vis-à-vis de ma mère... Mais à part ce geste qui allait me pourrir la vie, ils se sont souciés de nous comme d'une guigne !

Maman, comme d'habitude, subit son sort sans mot dire. Quand je pense à l'abnégation aimante de cette femme, j'en pleure d'admiration. Au début de son mariage, elle a aidé mon père de toutes ses forces, elle l'a secondé dans son magasin (papa avait alors une boucherie) ; malgré ses deux grossesses consécutives, malgré la perte d'un petit, elle a tenu bon, se donnant sans compter... Divorcée, puis veuve en quelque sorte – puisqu'elle aime toujours son ex-mari dans le secret de son cœur –, elle continue son labeur pour subvenir à nos besoins. Soucieuse de garder sa place dans le magasin de prêt-à-porter où elle travaille, elle ne ménage ni sa peine ni ses heures. Si en pleine nuit l'alarme de la boutique se déclenche, c'est elle qui y va, sous le prétexte qu'elle n'a que la rue et le parking de la Charité à traverser... Elle sort du travail à des heures pas possibles, retraverse le parking, les bras chargés de commissions...

Et retrouve son père, devant lequel tout le monde tremble à la maison. Cela ne sera pas sans conséquences pour moi par la suite.

En attendant, j'ai beau me fixer pour modèle maman, qui incarne à mes yeux la perfection, je ne peux m'empêcher de vivre mon internat à Blanche-de-Castille comme un emprisonnement.

J'ignore encore que je vis là le meilleur de mon pain noir... la vraie prison viendra plus tard.

Mais j'ai déjà envie de m'évader.

– III –

BAIE DES ANGES OU BAIE DES DÉMONS ?

Le jazz et (un peu) la java

Les *fifties* battent leur plein. Les jeunes ménages achètent à tout va des réfrigérateurs, des machines à laver, des voitures. La société de consommation émerge, et avec elle des idées nouvelles qui veulent dépoussiérer le carcan des conventions et de l'hypocrisie.

En Europe, on écoute les premiers microsillons. *Je hais les dimanches*, chante Juliette Gréco. Marguerite Duras publie *Un barrage contre le Pacifique* ; Camus, *Les Justes* ; et Louis Jouvet met en scène Pierre Brasseur, Maria Casarès et Jean Vilar dans une pièce de Sartre : *Le Diable et le Bon Dieu*. Les jeunes filles en fleurs dévorent *Le Blé en herbe*, les *Claudine* et les autres livres de Mme Colette. Plus mâle que jamais, Marlon Brando tourne *Sur les quais*. Question *sex-appeal*, Brigitte Bardot commence elle aussi à faire parler d'elle. Marilyn Monroe s'étale à la une des magazines. On défend aux enfants de regarder *Jeux interdits*. James Dean propose aux jeunes *La Fureur de vivre*. Apparaît alors une nouvelle race : celle des *teen-agers*, importée directement des USA...

Après des années de censure, la population française s'accorde pour œuvrer à un renouveau. À Paris, les existentialistes philosophent dans les cafés de Saint-Germain-des-Prés. Doisneau, le photographe, traîne ses guêtres pour immortaliser en noir et blanc des enfants ravis de retourner en classe, des amoureux qui se bécotent place de l'Hôtel-de-Ville, un cycliste avec béret et baguette ou encore une fille aux yeux cernés qui danse avec un superbe Noir dans une cave du Quartier latin.

Bill Haley et tant d'autres lancent le rock, mais certains comme moi préfèrent toujours le jazz, cette musique révolutionnaire qui touche l'âme et invite à se fondre dans le swing. Charlie Parker, Dizzy Gillespie et Thelonious Monk donnent le tempo. À Nice comme partout, ce même bouillonnement sévit. Chacun est déterminé à vivre. *VIVRE !*

Mes copains et moi n'échappons pas à la règle. Bien que relativement timide et malgré la surveillance extrêmement serrée dont ma famille m'entoure pendant le week-end, je parviens à ruser pour aller dans les boîtes *New Orleans* de la Côte. Je n'ai pas l'âge requis, bien sûr, mais il y a tant de monde ! On danse sur Ray Conniff, Nat King Cole, Sinatra. C'est entraînant, gai, plein de promesses. Ce monde-là me fait rêver. Lors de ces après-midi dansants, j'entrevois la liberté. Je m'identifie aux princesses en mal d'escapades lors de vacances romaines.

Seulement je suis toujours en pension chez les dominicaines, et je demeure ce qu'on appellerait aujourd'hui un « pur produit maison ». Je viens de passer les trois quarts de mon existence en internat, je crois aux valeurs inculquées par les enseignants, aux principes énoncés dans l'éducation religieuse. Je ne vois pas le mal. Pis, je ne l'envisage même pas. J'imagine le monde aussi gentil qu'on me l'a décrit. Bien sûr, les gens ne sont pas ainsi. Mais moi, qui ai toujours vécu en vase clos, j'ignore ces nuances.

Les jours, les semaines et les mois passent. Chaque fois que je réussis à rejoindre mes copains, ils me racontent leurs exploits, leurs balades en décapotable ou en scooter jusqu'à Cannes. Plus ça va, plus ma vie m'insupporte. Je souhaiterais voler de mes propres ailes mais, parti comme ça l'est, je vais devoir patienter au moins jusqu'au bac. Il me faudrait trouver un moyen d'y échapper.

Consciente de l'enjeu que représenterait pour moi plus d'indépendance, je me fais fort de convaincre ma mère. À quinze ans, ayant un sens du travail fort développé, je veux gagner ma vie. C'est la seule manière de quitter cette pension que j'exècre et dont j'ai plus qu'assez. Mais comment trouver les arguments pour convaincre ma famille ?

Ma détresse me souffle la solution miracle.

Il suffit en effet que je propose de m'inscrire chez

Pigier, spécialiste des formations de sténodactylo, pour que le cercle familial accepte. C'est aussi facile que cela. Adieu la pension !

Dès lors l'horizon me paraît plus serein, plus respirable. Les cours – comptabilité, anglais commercial compris – me laissent beaucoup de temps libre. Enfin ! L'après-midi, je m'en donne à cœur joie. En fait, je commence à m'installer dans un mode d'existence où je n'ai plus trop envie de bosser. Je sèche les cours, je fais des virées en voiture avec une bande de jeunes. Entre deux rocks et un slow, j'assiste à quelques tournages à la Victorine, le célèbre studio de cinéma où se réalisent de grosses productions américaines et tant d'autres films français ou italiens. Pour la première fois de ma vie, je me laisse aller à la simple joie d'exister. Il faut bien que jeunesse se passe...

Pourtant, à l'école Pigier, je ne fais pas toujours les exercices demandés. J'en oublie même la plupart. Bientôt les résultats des examens trahissent mon manque de sérieux...

Je me rends aussi à l'évidence : le secrétariat ne m'intéresse absolument pas, même si l'on me dit que cela peut déboucher sur du secrétariat de direction. Je me verrais plutôt faire du cinéma. Comme toutes les midinettes de mon âge, je rêve devant la montée des marches. À cette époque, Cannes joue vraiment la carte des grandes stars. Le Festival a une magie, un éclat incomparables. À la une des journaux ou entre amis, on ne parle que des soirées et des cocktails somptueux offerts par de généreux mécènes. Les stars séjournent à l'Eden-Roc, on crée des romans autour d'elles. Sur la plage, les starlettes prennent la pose avec l'espoir de se retrouver dans un magazine ou en couverture de *Cinémonde*. On se ferait damner plutôt que de manquer de tels spectacles.

Toute jeune fille, je regarde ces monstres sacrés, ces étoiles et même les débutantes comme s'ils appartenaient à une autre galaxie, un univers en Technicolor fait de paillettes, sans soucis ni répressions d'aucune sorte, un monde parfait, en quelque sorte, et je baigne dans un enchantement aussi superficiel qu'attirant.

Un jour, alors que ma chère maman m'a confié de l'argent pour faire une course, j'entre dans un institut de beauté pour m'acheter des produits cosmétiques. La vendeuse me présente les crèmes hydratantes, les rouges à lèvres et le mascara dernier cri. Incapable de résister, émerveillée par mes découvertes, j'achète, j'achète... De retour chez nous, quand je montre mes acquisitions à ma mère, celle-ci ne cache pas sa consternation.

– On n'a pas les moyens, me dit-elle. Dès demain, tu iras rendre ces achats. Nous n'avons pas d'argent pour les payer. Comment veux-tu qu'on s'offre un tel luxe ?

Quelle honte ! Mon insouciance me heurte de plein fouet. Inutile de m'excuser ou de me justifier : le fait est que je ne me suis pas rendu compte des prix. L'air navré de maman me guérit immédiatement de toute velléité de recommencer. Intérieurement, je me promets de ne plus jamais me risquer à commettre pareille bévue.

Il n'empêche que cet incident, comme s'il était chargé d'une menace terrible, persuade ma famille que j'ai la tête ailleurs, que je file un mauvais coton. Maman prend peur. Elle craint qu'il ne « m'arrive quelque chose » et en tremble.

Il est vrai qu'elle est affolée par les jeunes gens qu'elle voit alentour. Selon elle, la jeunesse ne se comporte pas comme elle le devrait. « De mon temps, se plaît-elle à répéter, les choses ne fonctionnaient pas ainsi. » Quand je lui demande des permissions spéciales ou que j'évoque mon avenir (je veux être hôtesse de l'air), elle refuse toute discussion et répond invariablement : « On verra à tes vingt et un ans ! »

En fait, elle souhaite que je me conduise comme elle à son âge, en respectant les usages en cours dans les bonnes familles. Au programme : de la tenue, encore plus de tenue et rien que de la tenue. Pour les filles en particulier, aucune hésitation : il faut « les tenir », sans permissivité ! Autant l'avouer, cela m'étouffe. Et penser qu'il va en être ainsi jusqu'à ma majorité me semble insurmontable.

Bientôt je ne camoufle plus ma mauvaise humeur, ni mes désirs de sortir, et je montre quelques signes d'impatience. Ces réactions me trahissent. L'ambiance familiale se détériore. Grand-père Paul, en particulier, ne cache pas son irritation. Et ma grand-mère, Segondine, n'est plus là pour calmer ses colères : elle nous a quittés pour rejoindre les anges. Papy Paul critique tout : les obscénités du Festival de Cannes, les voitures décapotables, les scooters, les jeunes qui « jettent l'argent par les fenêtres ». Un jour, il refuse d'ouvrir la porte à ma meilleure amie sous le prétexte qu'elle s'est mis du rouge à lèvres. Pour lui, une adolescente qui se maquille est une fille perdue. Je ravale mon indignation.

A posteriori, je comprends mon grand-père. Croix de guerre, médaille de Verdun, puis ayant tenu tête aux Allemands dans les années d'Occupation, élevé dans le respect de l'austérité et, par la force des choses, homme d'un autre temps, il ne pouvait pas imaginer une seconde que nos frasques adolescentes ne nous mèneraient pas à notre perte.

Ma tutrice n'est pas en reste, qui n'a de cesse de mettre en garde ma mère contre les périls que j'encours.

Je ne le sais pas encore, mais je vais payer cela très cher... Pour l'heure, je me sens seulement incomprise, mal aimée. Je me mets à répondre aux adultes, au chef de famille, à mon oncle Robert, à ma mère. Ce n'est pas bien méchant mais cela change tellement du code de civilité dans lequel ils m'ont élevée que les rapports s'enveniment. Même le curé n'y pourrait rien : je ne vais plus à la messe.

Le conflit des générations perdure, s'aggrave... Devant mon refus d'obéir, grand-père fait pleuvoir les sanctions : il m'empêche d'entrer dans le salon et d'y recevoir mes copains. Une horreur ! Mais je m'entête... Et je me cloître dans ma chambre, en écoutant mes disques et en découpant les photos de James Dean.

Parfois, mon cousin Francis, le fils de tante Émilie, me donne rendez-vous dans une brasserie de Nice et je me confie à lui. C'est le seul proche qui me comprenne.

Les adultes, eux, continuent de se désoler et de regretter que cela ne se passe plus comme autrefois, dans leur génération.

– Bon sang, se lamente continuellement ma mère, je travaille toute la journée, je ne peux pas la surveiller sans arrêt...

Puisqu'ils ne sont jamais contents, je ne vois pas pourquoi je me gênerais. Plus ça va, plus je rentre tard. Je passe mes nuits à danser. Dès que l'on me fait des reproches, je me braque. Maman en parle à ma tutrice. Celle-ci me convoque, exige une explication : je m'enferme dans un mutisme absolu. Mais désormais les adultes m'épient et cherchent à connaître mon emploi du temps. Pourtant je ne fais rien de plus que ce que j'aime : danser ! Je passe mes journées au Provence, un établissement niçois qui possède, comme à Saint-Germain-des-Prés, une cave où l'on peut swinguer... Ma famille peste : « À coup sûr, il s'y passe des choses épouvantables. »

Mais non ! On danse, c'est tout !

Pourtant cette explication ne leur convient pas. Tutrice et famille insistent. Je me rebelle. S'ensuivent d'interminables disputes. Ils exigent que je m'assagisse, que je me tempère. Je refuse. Ils reviennent à la charge. Comme tous les adolescents en crise, je persiste dans mon entêtement.

*
**

Une nuit, je trouve un policier à la porte de l'appartement. Il me questionne à propos de mes horaires tardifs. Le lendemain, affolée, j'en parle aux copains de mon club de jazz. Les plus âgés m'informent que, après 10 heures du soir, la police n'a pas le droit d'intervenir ainsi sans une plainte. Ils m'expliquent que forcément quelqu'un a fait venir ce représentant de l'ordre. Pas besoin d'être devin pour comprendre qui m'a joué un pareil tour...

De retour à la maison, je me révolte violemment contre cet abus d'autorité :

– Vous le faites exprès ! Je ne fais rien de mal, vous ne comprenez donc pas ? C'est vous qui m'incitez à désobéir.

Mais le clan des adultes n'en démord pas. Et moi non plus. Je continue de plus belle à sécher les cours...

Dès lors, je vais de plus en plus avec mes copains du Provence passer mes soirées à Cannes pour voir la montée des marches du Festival et finir la soirée au Whisky à gogo.

Là, nous faisons la connaissance du beau Georges Marchal (sans Dany Robin avec laquelle il forme un couple de rêve) et de ses amis. Ils nous invitent à des soirées privées, ils nous permettent de découvrir le monde du cinéma. Moi en soirée, avec des « saltimbanques » et leur entourage dont on ne sait rien ! Des bruits circulent, les langues se déchaînent. On avertit ma famille. On lui parle même de traite des Blanches ! C'est la psychose de l'époque, l'ultime menace pour les jeunes filles sans cervelle. Il n'en faut pas plus pour déclencher les foudres de la tribu.

Un soir, quand je reviens chez moi, un comité d'accueil m'attend et me sermonne en insinuant je ne sais quelles turpitudes. Je leur claque la porte au nez et monte me coucher. Tant d'injustice me révolte. On croirait vraiment que je me comporte comme une criminelle alors que je ne fais que retrouver des filles et garçons de mon âge, dont les parents ne font pas tant d'histoires.

En guise de représailles, le lendemain matin, je ne me lève pas. Fatiguée par les be-bop de la veille, je m'attarde dans les bras de Morphée. J'en suis encore à me prélasser quand j'entends sonner à la porte.

En chemise de nuit, le cheveu hirsute, je vais ouvrir. C'est une assistante sociale qui, à ce qu'elle prétend, vient me chercher.

– Me chercher ? Pourquoi ? dis-je, ahurie.

– Pour vous emmener chez le juge des enfants...

– Mais...

– Il n'y a pas de mais. On m'a demandé de le faire.

Le temps de m'habiller, je cherche qui se trouve dans la maison... Personne ! Maman travaille. Quant à mon grand-père et mon oncle, ils ont disparu comme par enchantement. Il ne me reste plus qu'à suivre cette personne si aimable.

Sur la route, je fais encore des miennes en tentant (vainement) de me précipiter hors de la voiture à un feu rouge. Bien sûr, en me conduisant ainsi, j'accumule les mauvais points. Mais comment pourrais-je le savoir ? J'ignore totalement de quoi il retourne...

Dans le bureau du juge, je me montre aussi asociale. Rude et sévère, le magistrat me fait la leçon sur un ton sans réplique.

– J'ai de très mauvais renseignements sur vos fréquentations. Il paraît que votre mère, incapable de vous tenir, n'a plus d'autorité sur vous et que vous ne lui obéissez plus. Puisque c'est ainsi, vous allez habiter chez votre tutrice.

Emmurée dans mon ressentiment, je ne lui réponds pas. Sans mot dire, je regarde fixement un tableau accroché au mur, juste derrière lui... On m'a déjà tellement menacée des plus noirs châtiments que cette nouvelle tentative d'intimidation me laisse dubitative.

– Bien, conclut mon interlocuteur, lassé par mon attitude. Voilà qui est décidé.

– Et si je refuse d'aller chez ma tutrice ?

– Ce sera la maison de correction.

– Alors je préfère la maison de correction.

À peine ai-je dit cela que je réalise l'énormité de ma résolution ! Jamais je n'aurais dû m'avancer ainsi. Mais c'est trop tard. Sans me manifester le moindre intérêt, le juge me répond :

– Eh bien vous y partez tout de suite.

De la pièce voisine surgissent alors ma mère et ma tutrice, qui viennent d'apprendre les résultats de cette confrontation. Elles ne s'attendaient pas à ça ! Elles essaient de négocier. Mais je suis trop braquée, je persiste dans mon choix : tout est mieux que de vivre sous « tutelle ».

Le magistrat désigne une surveillante pour m'accompagner pendant le trajet vers ma nouvelle geôle. C'est préférable. Elle a plutôt intérêt à ne pas me lâcher une seconde sinon je risquerais de m'enfuir...

Sur le chemin de la gare, je demande pourtant à faire un détour pour aller dire au revoir à ma mère qui est retournée travailler au magasin. Ma valise à la main, je pénètre dans la boutique. Je n'ai nullement l'intention d'embrasser l'auteur de mes jours : j'attrape les portants, les tringles, tous les vêtements que je trouve et je les jette par terre. Une véritable furie.

– Comment as-tu pu laisser faire ça ? Te rends-tu compte de ce que tu m'as fait ?

– C'est pour ton bien, répond ma mère. Il n'y a rien qui vaille que tu te détournes de ton premier projet de devenir secrétaire de direction... Tu verras, plus tard : tu me remercieras.

La rage au cœur, je sors de la boutique.

Deux heures plus tard, arrivée dans une banlieue sinistre de Toulon, devant la porte du Bon-Pasteur, l'établissement de ma punition, je n'en mène pas large. Mais j'avance. En serrant les poings.

L'expérience va durer quelques mois. Des mois difficiles, sans téléphone et sans aucun contact avec l'extérieur, hormis de rares visites où j'aurai l'impression, cette fois à juste titre, d'être comme en prison. Six mois extraordinaires, dans le sens où je vais connaître une existence hors normes. Six mois de réflexion dont je ne ressortirai pas tout à fait indemne.

– IV –

LE BON-PASTEUR

Une maison de correction qui ne corrige rien...
au contraire !

Alors c'est cela, le Bon-Pasteur ? De hauts murs gris, des barreaux aux fenêtres, une tristesse carcérale, un troupeau de gamines au regard déjà usé, des surveillantes et des sœurs sur le qui-vive pour mieux surveiller cette « engeance du Mal »...

Moi qui aime tant mon petit bout de Côte d'Azur, son ciel bleu, ses golfes clairs, j'ai l'impression d'abandonner la projection d'un film en Technicolor pour un documentaire en noir et blanc.

Le premier soir, je suis assommée, désespérée. Toutes les filles sont en blouse grise. On m'enlève ma robe de ville et mes objets personnels puis je rejoins mes camarades, au réfectoire, dans la même tenue de brouillard. L'environnement me paraît sinistre. Personne ne me parle. De multiples sentiments m'agitent. Bien sûr je regrette mon petit confort, mes copains, mes virées, mes lectures de *Cinémonde* ou de *Jours de France* qui m'informaient de la vie des stars et des princesses, mais, d'un autre côté, je ne remets pas en question le bien-fondé de ma décision. Ce soir-là encore, je pense : « Tout plutôt qu'un séjour chez ma tutrice ! »

Seulement, très vite, je m'aperçois qu'ici c'est du sérieux. Les disputes et les bagarres ne sont pas une comédie donnée pour la galerie. Lors du déjeuner, il faut se tenir sur ses gardes. Personne ne se relâche. Chacune épie l'autre pour parer à un éventuel mauvais coup. Je mange le nez dans mon assiette.

Parfois, sans que l'on s'y attende, une fille en apostrophe une autre. Les mots fusent, plus tranchants qu'une lame. Le ton s'envenime pour un rien.

– C'est toi qui as dit à la « surjo » que j'avais la lettre de mon mec sous mon oreiller ?

La fille se lève, saisit la table à pleines mains, la pousse et la renverse. Puis, avant même que quiconque n'ose bouger, elle attrape une carafe d'eau, la brise et la brandit par le goulot en s'en servant comme d'une arme.

Un jour, une nouvelle venue se révolte. On l'a surprise alors qu'elle s'enfuyait, cachée dans la camionnette d'un ouvrier. Elle hurle :

– Venez me chercher ! Qu'on en finisse !

Et elle poursuit, à l'intention des autres pensionnaires :

– Réveillez-vous ! Ici, c'est un camp de concentration !

Il s'agit d'une mineure. Elle ne veut pas qu'on touche à sa chevelure, ce qui la guette, vu son insoumission.

Car c'est ici la sanction suprême : dans les cas graves, on vous rase le crâne ! Pour échapper à la punition, elle a pris un couteau et se promène en menaçant ceux qui tentent de l'approcher. Peine perdue ! La brebis égarée tombe dans les mailles du filet. Nos cerbères la maîtrisent. Et, peu après, elle ressort de la pièce où ils l'ont conduite complètement tondue.

Une de nos geôlières commente :

– Mesdemoiselles, voilà ce qui vous attend en cas de rébellion. Ça ne donne pas envie, hein ?

Quelle honte ! Tout ce cirque pour nous dissuader de recommencer. Mais au prix de quelle humiliation...

Quand je suis arrivée, les autres filles m'ont demandé ce qui m'avait amenée là.

– Je n'ai rien fait, ai-je répondu.

Tout le monde s'est marré :

– Bien sûr, personne n'a rien fait, ici ! On ne sait pas pourquoi on est là...

Entre détenues, c'est la loi du silence. Personne ne se confie à personne. D'ailleurs, ici, personne ne croit personne. Même dans la misère, c'est chacune pour soi. On doute de l'autre. L'institution entretient ce climat de suspicion.

À la longue, dans le lot, on devine les filles les plus dures, et les plus accessibles. On repère celles qui sont chargées de nous observer et les autres, les éléments incontrôlables. Mais quand même... Quelle ambiance !

Peut-être y a-t-il parmi nous des « cas » difficiles, mais beaucoup ne comprennent pas pourquoi elles sont là. Nous sommes des jeunes filles, avec des défauts, certes, mais quels actes justifient pareils traitements et une telle inhumanité ?

En 2004, à combien se chiffrerait le nombre de ces adolescents récalcitrants ? Et où les enfermerait-on ? Avec la maturité, je constate que nombre d'individus ont, eux aussi, fait les quatre cents coups jadis. Pourtant on ne les a pas punis. Ils ont sans doute bénéficié de parents ou d'un entourage moins sévères, moins intransigeants, qui leur ont donné leur chance et permis d'évoluer. Néanmoins, on retrouve aussi certains de ces privilégiés, une fois adultes, se moquant du respect que l'on doit à autrui et bafouant les valeurs les plus élémentaires, et on leur déroule le tapis rouge. Ça peut laisser pantois...

Au Bon-Pasteur, je parviens malgré tous ces antagonismes à m'intégrer dans un groupe. Au fil des conversations, j'apprends qu'il existe plusieurs établissements du même nom à travers la France. Je reçois des confidences. Parmi les cas de figure les plus fréquents, celles dont les parents n'ont pas pris le temps de s'occuper. Mais je n'entends parler ni de drogue ni de délits dépendant du pénal. Cela dit, je reste sans illusions sur l'amitié ambiante. On est sympa avec vous tant que vous respectez l'omerta... Que ce soit clair ! Chaque velléité d'en savoir plus est sanctionnée par un regard réprobateur ou par une mise en quarantaine.

Le plus dur est de ne pas savoir quand on sortira de cette prison. Ici, nous vivons dans la méconnaissance de ce qui nous attend. Au mieux, on espère la libération pour le jour de sa majorité (vingt et un ans à l'époque). Avant, cela ne peut être qu'une bonne surprise à laquelle on n'ose croire. On se répète : « Mais si on nous a enfermées là, c'est que nous avons fait quelque chose de répréhensible ! » Et on cherche... Dans mon cas, pendant des années, j'ai cherché la cause de cette répression hors du commun. Et comme je n'ai pas vraiment trouvé le pourquoi du comment, j'ai gardé ça en moi comme un opprobre.

À présent, il est de bon ton de se confesser, de parler de ses écarts, de ses erreurs de jeunesse ou des maltraitances qu'on a subies lors d'une émission de téléréalité, mais ce ne fut pas toujours prisé. Bien au contraire... Pour moi, loin de « m'exprimer », je me suis longtemps fabriqué une carapace, une façade de jeune fille sans histoire. Sauf que si parfois j'ai perdu mes moyens, dans certaines circonstances sérieuses de l'existence, c'est par peur d'être jugée et considérée comme indigne d'exister, comme là-bas...

Quelque chose clochait dans leur système de fonctionnement, car ils n'avaient de cesse de nous détruire. Tout dans leur règlement était conçu pour nous casser. Cette forme d'éducation, de « correction », reste très limitée parce que trop restrictive. D'ailleurs, depuis, les Bon-Pasteur ont disparu...

Dernièrement, je lisais un article[1] sur la fameuse « résilience » dont parle tant Boris Cyrulnik dans ses

1. « La revanche des mal partis », *Le Figaro Magazine* du 28 mai 2004.

livres, notamment dans *Les Vilains Petits Canards*. Selon lui, un « résilient » est un individu qui, frappé par un traumatisme, parvient à « faire quelque chose de ses blessures ». Je crois y être parvenue.

L'article parle aussi du film de Christophe Barratier, *Les Choristes*, qui illustre parfaitement ce propos. C'est une des leçons de cette belle histoire : « Il y a toujours quelque chose à faire, même avec des enfants difficiles, à condition de croire en eux. »

Seulement, en ce qui me concerne, lors de mon adolescence, ma famille ne croyait pas en moi : elle doutait de mon sérieux, de mes capacités à suivre le droit chemin, de moi, tout simplement. C'est un grave handicap, pour démarrer dans l'existence. Tout au début de ma carrière professionnelle, j'ai dû refaire le chemin inverse. En travaillant d'arrache-pied, j'ai réussi à convaincre les autres – et à me convaincre moi-même – de ce dont j'étais capable. Ensuite certains amis, ceux qui m'ont entourée à mon arrivée à Paris, m'ont accordé leur confiance. Cela a galvanisé mes forces. Cela m'a encouragée à combattre une timidité maladive et m'a poussée à aller de l'avant.

Cela dit, ce Bon-Pasteur m'a permis de choisir mes valeurs. Je ne dis pas que celles qu'ils ont essayé de m'inculquer sont les miennes, mais qu'à partir de ce que j'ai vu et vécu dans ces murs, je m'en suis créé d'autres, plus personnelles. Cette expérience m'a servi de tremplin, mieux, de moteur ! Si je n'étais pas passée par là, il y a des choses dont je n'aurais certainement pas pris conscience, et je n'aurais pas parcouru le même chemin.

De fait, cette captivité m'a ouvert le cœur et l'esprit. Sans elle, je me serais peut-être enfermée dans des opinions toutes faites, j'aurais jugé les êtres sans les connaître. Comme ceux qui, à ma sortie de la maison de correction, m'ont mise en quarantaine, se sont détournés de moi sans chercher à comprendre. J'aurais jaugé les gens d'après les apparences et, dans ma profession, je me serais laissé duper. Au lieu de cela, à cause de cette injustice dont je fus la victime – et pas la seule –, j'ai presque toujours su démêler le vrai du faux. Du toc si fréquent de nos jours. Et le vrai m'a offert de précieuses amitiés. J'ai très vite, en revanche, su déceler les engouements factices, les flatteries sans lendemain. J'ai accordé une grande valeur à mon métier, certes, mais j'ai privilégié la famille comme fondement essentiel de mon existence. N'ayant pas connu cette vie familiale étant petite, j'ai voulu la vivre pleinement, tout le reste n'étant souvent que poudre aux yeux.

***

Après trois mois d'un régime barbare à coudre des draps, à en broder d'autres toute la journée pour avoir un beau savon en récompense du travail accompli, je saute presque de joie quand on m'annonce que je dois passer des examens chez Pigier. Un comble ! Quand je songe à la réticence que j'éprouvais à suivre les cours lorsque j'étais « libre » ! Tout à coup, je me mets à réviser comme une folle. Seule dans une salle, je m'entraîne à la sténo, à la dactylo. J'ai de l'énergie à revendre, je redouble d'efforts. Puis, encadrée par deux assistantes sociales spécialement envoyées pour me chaperonner, je pars passer mon examen à Toulon.

Stupeur et allégresse : je vais le réussir !

Entre deux épreuves, la directrice de chez Pigier me reçoit. Elle désire savoir ce que je veux faire dans la vie. Il n'en faut pas plus pour que je m'épanche. Ne comprenant pas ce qui arrive mais certaine d'avoir trouvé une oreille compatissante, je raconte mon désir de voyager, d'être hôtesse de l'air par exemple...

– Mais ma petite, m'interrompt-elle, pour faire ce métier, il ne faut pas avoir de casier judiciaire...

Un casier judiciaire ! Alors, la maison de correction, c'est déjà considéré comme de la prison ? Mais on ne m'a jamais jugée, on ne m'a pas condamnée ! Qu'est-ce que cela veut dire ?

Je sors en courant rejoindre les deux assistantes sociales qui m'attendent pour me raccompagner au Bon-Pasteur. Dès notre arrivée, elles m'emmènent immédiatement chez la supérieure. Toujours entourée de mes anges gardiens, je lui raconte en détail la journée. Quand j'évoque la réflexion de la directrice de Pigier à propos du casier judiciaire, la mère supérieure se met en colère :

– Mais à quel titre cette femme s'est-elle permis de vous dire une chose pareille ?

Puis elle ajoute, comme radoucie :

– Je ne veux pas que vous soyez perturbée, mon petit, et vous êtes en droit de savoir. Vous n'avez pas de casier judiciaire, vous n'avez pas été condamnée.

C'est juste votre mère et votre tutrice qui payent pour qu'on vous garde ici.

Ainsi voici la triste vérité ! Je ne suis pas une reprise de justice mise au ban de la société par la police ou une autre institution tout aussi redoutable... Je n'ai rien fait de condamnable, comme on me l'a fait croire. On a « tout simplement » voulu me donner une bonne leçon pour me calmer, dompter mon exubérance et me faire rentrer dans le rang du politiquement bien-pensant... Et, du même coup, on m'a « tout simplement » fait entrer dans l'enfer de la culpabilisation et de la honte.

Le cœur gros, je salue mes anges gardiens puis je demande la permission de me retirer au dortoir en prétextant une grosse fatigue.

Ce week-end-là, quand ma famille vient me prendre, j'explose. Je leur dis tout ce que je pense. Évidemment, ma réaction n'a pas l'heur de leur plaire. Et malgré mon diplôme de chez Pigier, ma mère décide de me laisser entre ces murs austères trois mois de plus. Il n'aurait pas fallu que je sois impertinente...

De temps en temps, maman, ma tutrice et son mari m'emmènent manger au bord de la mer. Peut-être ces derniers ne sont-ils pas aussi méchants que je les vois ? En tout cas ces déjeuners m'apportent plus d'amertume que de plaisir. Tout à coup, on est comme les autres, on a une vie normale, et hop ! ils me redéposent au Bon-Pasteur, le soir. C'est terminé. Fini. Le bonheur s'est agité sous mon nez puis il s'est envolé. À la semaine, au mois prochain. En attendant, tiens-toi bien ! Et dans l'âme bruine la frustration...

C'est dur de sortir et de revenir. On vous montre quelque chose d'agréable et l'on vous renvoie en enfer. Et l'on continue de broder des draps. On attend. On brode. On attend. Avec pour seul horizon le néant.

Par la suite vous n'avez plus de visites ; on vous envoie des colis, des gâteaux, des biscuits. Qu'est-ce qu'on en a à faire, de ces friandises ? Je les donne aux copines...

Pour mes seize ans, il n'y a rien au courrier. Les colis arriveront huit jours plus tard, je ne sais plus pour quelle raison. Pourtant je reçois un présent fabuleux grâce à mes amies d'incarcération, qui ont réussi un formidable tour de prestidigitation.

Il faut savoir qu'on arrive au Bon-Pasteur comme on entre en prison : à notre admission, on nous retire nos objets personnels, on gomme les anciennes références. Mais mes amies ont réussi à retrouver des petits riens qui leur tiennent à cœur. Chacune a gardé quelque chose de son passé et m'en fait cadeau. Dans la boîte en carton qu'elles viennent de me donner, j'aperçois une breloque, une boucle d'oreille (juste une !), des dessins, une plume, un galet. Ce ne sont pas des fétiches mais des preuves d'amour. Mes camarades m'offrent ce qu'elles ont de plus précieux : les misérables liens qui les connectent avec l'extérieur, le fil d'Ariane de leurs racines, de leur mémoire et de leur espérance. Un bout de paradis dans les ténèbres.

Des années plus tard, comme je songeais à rédiger cet ouvrage, j'ai parlé à mes enfants de cet épisode au Bon-Pasteur ; je leur ai demandé si ça ne les gênait pas que je m'exprime sur le sujet, que je dévoile une tranche de mon passé qui ne correspond absolument pas à ce que le public perçoit de ma personnalité. Non seulement mes filles ont compris ce désir, mais elles m'ont vivement poussée à me livrer.

Pour moi, cet internement m'a vraiment fait du mal dans le sens où je l'ai vécu comme une injustice totale. Il a bouleversé ma destinée et modifié mon caractère. D'un naturel plutôt frondeur, rebelle et joyeux, je me suis repliée sur moi-même. Bien sûr, l'existence m'a offert une belle revanche. Avec la télévision et dans ma vie privée, je me suis rattrapée... Mais il me reste des séquelles, des bleus à l'âme.

À force de vous taper moralement sur la tête en vous inculquant rigueur, discipline et principes très stricts, les éducateurs vous brisent. C'est d'autant plus pénible quand vous n'avez pas l'impression d'avoir fait quelque chose d'assez grave pour mériter un pareil châtiment. Devenue quelqu'un de solitaire, j'ai dû puiser en moi les forces pour m'en sortir. Personne d'autre ne pouvait m'aider.

Au début de ma carrière, il ne fallait pas que cette « mésaventure » se sache. Souvent on me murmurait : « Ce n'est pas la peine d'aller le raconter... » Ma hiérarchie et le public ne l'auraient pas compris, me disait-on. On ne voyait pas ce cas de figure à la télévision, ça ne se faisait pas, à l'époque... Du coup, j'ai longtemps vécu dans la peur qu'on l'apprenne. Comme si j'avais vraiment commis l'irréparable. Et je me suis tue. Quitte à souffrir de ce déni.

Beaucoup de mes compagnes du Bon-Pasteur s'en sont honorablement sorties, elles aussi. Mais pas sans séquelles. Par la suite, j'en ai revu quelques-unes... Elles parlaient également de cet épisode comme d'une honte. Une honte ! Parce que certaines avaient le goût des sorties, d'autres celui de coucher avec des garçons ? Cela méritait-il qu'on les enferme ? Personne, aucune d'entre nous n'avait volé ni tué. Un jour, sur un plateau, avant que cette institution ne disparaisse, par hasard se trouvait là un gamin qui sortait d'un des multiples Bon-Pasteur de France. Ce gosse était accompagné d'un éducateur. Très braquée, j'ai dit ce que je pensais de ce genre d'endroit. L'éducateur m'a répondu que l'organisation et les structures de cette institution avaient beaucoup évolué. Sur l'instant j'ai bien voulu le croire, mais je suis encore plus heureuse de savoir que, depuis, ces établissements n'ont plus cours.

*
**

Les semaines ont passé ainsi. Comprenant qu'il valait mieux que je montre patte blanche, j'ai fait preuve d'une forme d'obéissance et de conciliation. C'était ça ou rester en ces lieux jusqu'à mes vingt et un ans. Et ma majorité me paraissait si loin ! Alors je me suis tenue à carreau. Puis maman s'est décidée à m'arracher de mon purgatoire.

Allais-je m'en sortir pour autant ? Une chance allait-elle enfin se présenter à moi afin que je m'émancipe du clan des mal partis ?

– V –

CHANGEMENT DE CAP

Fille au pair à Brighton et guide sur la Côte

Peu de temps avant Pâques, je sors définitivement du Bon-Pasteur. Pour les vacances, je dois passer quinze jours chez ma tutrice ; je n'ai pas le droit de me rendre dans l'appartement où normalement j'habite. Je vis cela comme une nouvelle punition. On prétend que ma mère n'a pas assez d'autorité pour me gérer. Je fais semblant d'acquiescer, de tout accepter. Je deviens forte au jeu du « mais oui, mais oui... ».

Cependant, je ne dois pas être encore suffisamment soumise à leur gré car ils (le conseil parental : grand-père Paul, ma mère et ma tutrice) décident de me remettre en pension. À Antibes, cette fois-ci. Et voilà ! Rebelote... À seize ans, me voilà en première. Mon existence retrouve le rythme : pension-sorties, pension-sorties.

Chaque dimanche soir je prépare le programme du lendemain, j'ai le cœur qui se serre. Je rassemble mes affaires. Le nœud est là, en plein dans l'estomac. Il faut partir, retourner à une existence de devoir, de discipline et de labeur.

Et de silence honteux.

Alors que je viens de sortir de l'enfer, il m'est impossible de l'évoquer. Je ressens ma dernière expérience au Bon-Pasteur comme une honte, en effet, je le répète à dessein. Aux dires de ma famille, j'ai retrouvé le « droit chemin » et je dois « me tenir ». On me conseille vivement de ne pas parler de ce fâcheux épisode, que je vais ressentir longtemps comme une tache indélébile.

Donc je me tais. Au dortoir, je ne fais pas de confidences. D'ailleurs, dans cette pension, j'ai du mal à me mêler aux autres. Après ce que j'ai vécu au Bon-Pasteur, il m'est difficile de me trouver des points communs avec mes camarades, au demeurant très sympathiques mais qui, en comparaison de mes anciennes « codétenues », ressemblent à des petites filles modèles romantiques.

Décalée, je ne parle à personne. Et bien que je me couche avant tout le monde, je m'endors fort tard. Pendant les récréations ou le soir, dès l'instant où les enseignants nous accordent quelques minutes de loisirs, je me réfugie dans le travail. C'est ce qui me sauve et me maintient la tête hors de l'eau. Je commence à vraiment prendre goût à l'étude... C'est même ma seule consolation. Mais cela ne suffit pas.

Un jour, lors d'un déjeuner, une camarade de réfectoire me provoque... Et là, à ma grande surprise, je reproduis exactement le geste que j'ai vu faire parfois au Bon-Pasteur : je me lève, je prends la table, je la renverse, saisis une bouteille d'eau dont je casse le goulot et je lui fais face.

Chez les sœurs, chez les élèves, c'est l'effroi total, la consternation. Bien sûr, un nouveau branle-bas de combat suit. La famille rapplique. Selon elle, j'ai le « démon dans la peau ». Elle n'en supplie pas moins la direction de l'établissement de me garder, se faisant fort de me ramener à la raison. Pour soigner ma nervosité, un médecin me donne des médicaments.

Désormais, les rares copines avec lesquelles je me suis liée m'évitent. Toutes me mettent en quarantaine. Chaque jour qui passe devient synonyme de tristesse insoutenable.

Après un trimestre, le désespoir est le plus fort. Toute cette galère va-t-elle durer encore longtemps ? Un soir, complètement déprimée, j'avale le tube de comprimés en entier. Acte manqué ? Suicide programmé ? Appel au secours ? Je ne saurais dire. Mais je ne tolère plus cette situation bancale ni les personnes de ma famille qui me contraignent à l'accepter. Pourquoi cette sanction permanente d'être toujours recluse ? N'ai-je pas mon certificat de chez Pigier ? Pourquoi ne travaillerais-je pas ? Suis-je si terrible pour encourir ces « enfermements » à répétition ? Autant de questions sans réponses.

C'est ce dont je m'entretiens avec le médecin quand je me réveille à l'hôpital. Au moins, cet adulte écoute. Quelqu'un se penche enfin sur mon problème. Et, miracle ! il me comprend...

Il me comprend si bien qu'il refuse que la famille vienne me voir. Il veut me tenir à l'abri des pressions.

Grâce à lui, je parviens à retrouver quelque énergie. Grâce encore à lui, qui se donne la peine de parler à ma mère, j'obtiens l'autorisation de partir étudier l'anglais en Grande-Bretagne.

Cette opportunité me semble une véritable libération, un premier pas vers la réalisation de mon rêve : devenir hôtesse de l'air.

Cependant, avant de franchir la Manche, je subis un dernier affront : celui de me faire accompagner par un éducateur jusqu'à Douvres. Dans le train, celui-ci me dit : « C'est une chance qui vous est offerte... » J'ai envie de lui répondre. Mais à quoi cela servirait-il ? Apparemment il a été averti par ma tutrice. Aux yeux de celle-ci, je suis une délinquante...

*
**

En Angleterre, en tant que jeune fille au pair, j'atterris tout d'abord dans une famille très sympathique composée d'un couple et de leur petite fille.

Une nuit, après avoir été alerté par une fenêtre qui claque – celle de ma chambre, que j'ai laissée entrouverte pour m'éclipser afin d'aller danser dans les petites boîtes du coin –, le père m'attend dans le noir. Tandis que je m'évertue à rentrer à petits pas, il me demande gentiment :

– Alors, on fait le mur ?

Question directe qui me laisse sans voix. Très vite, je cherche à me justifier, à lui expliquer : je ne fais rien de mal. Toujours avec bienveillance, le chef de famille me précise qu'il préfère que je lui dise quand je sors, c'est tout.

Cet homme, très certainement chargé de me surveiller, me réconcilie avec l'autorité. Sa gentillesse me guérit de mes velléités d'indépendance. Désormais, c'est avec son autorisation que je pars m'amuser. Comme quoi, il suffit de prendre les gens différemment pour que tout se passe sans heurts...

Ensuite, je change de famille. À Nice, on a dû juger qu'il valait mieux procéder ainsi et ne pas favoriser d'attaches particulières. Là, je m'installe dans une maison où se trouvent douze étudiants étrangers parmi lesquels Tina, une ravissante Suédoise que ses admirateurs viennent chercher en Bentley ou en Rolls.

Moi, telle Cendrillon, je fais le ménage des chambres, la vaisselle, je prépare le petit déjeuner et je m'occupe de manucurer les mains de la dame, notre hôtesse. L'après-midi, j'ai le droit de suivre des cours et j'en profite pour m'empiffrer de gâteaux... Comme ils sont bons, les cookies !

Pendant huit mois, je reste dans cette sorte de pension pour jeunes. Malgré les contraintes, je m'amuse bien. Je me suis liée d'amitié avec Tina.

Un jour, des années plus tard, résidant dans un appartement de Nice, alors que je travaille pour Télé Monte-Carlo, je vois arriver une immense Cadillac qui se gare devant moi le long du trottoir, comme dans les films. Tous les passants s'immobilisent pour regarder...

De cette magnifique automobile surgit un chapeau. Et sous ce couvre-chef je reconnais mon amie Tina. En fait, elle me rend visite parce que son milliardaire d'époux, un Argentin, a loué une maison à Roquebrune. Inouï ! Toujours mariée, elle habite maintenant à Londres...

Pendant ce séjour en Angleterre, je fréquente évidemment un « petit ami », en tout bien tout honneur, comme on dit à l'époque. Très beau gosse, Eddy ressemble aux *Teddy boys* vêtus de cuir noir, portant sur les joues des pattes un peu longues qui effraient les mères de famille. Tant pis ! Moi, je trouve qu'Eddy est un amour...

Tandis que Tina sort avec les grands noms de l'aristocratie, ce qui lui vaut la considération de notre hôtesse, moi, on vient me chercher dans des voitures minables. Mes copains ont des touches pas possibles. Surtout Jack, le sosie de Keith Richards, le déjanté des Rolling Stones... La dame de la maison affiche toujours une mine effrayée devant ces énergumènes affublés de *jeans*. Ils jettent un froid. Surtout comparés aux aristos qui débarquent à bord de leur carrosse rutilant...

Quoi qu'il en soit, je m'éclate. Ces gars-là ont le swing dans la peau. Avec eux, je comble mes aspirations de danseuse. J'oublie la France, les séances de surveillance rapprochée.

Pourtant, un soir, un événement m'en fait souvenir. Nous regardons sagement un film à la télévision dans la maison d'Eddy quand débarque un policier qui demande à mon flirt des explications sur le fait qu'il m'ait invitée chez lui. Mon hôtesse a sans doute dû prévenir les autorités britanniques que j'avais de mauvaises fréquentations...

Aimablement, nous répondons à l'interrogatoire du policier. On lui dit que l'on s'aime, que l'on vit un grand amour. Et, chose incroyable, Edwin le flic devient notre ami, notre allié... Il nous parle avec justesse. Il prend à part mon *Teddy boy* en lui disant qu'il faut me respecter, que je suis une jeune fille bien. Surtout, il nous protège. Nous l'invitons à se joindre à nous dans nos sorties. Ensemble, on se fait des petites bouffes. Il sait qu'il peut venir quand il veut. On est en paix, on se conduit à merveille. Mais bientôt ma famille me rappelle au bercail.

Deux mois plus tard, un beau jour d'été, je reçois une lettre d'Eddy : il va venir me voir car je lui manque. Une fois sur place, il m'avoue qu'il m'aime toujours et veut m'épouser. Mais je ne suis qu'une gamine, sa proposition me fait peur. De surcroît, je me vois mal le présenter aux miens. On est trop jeunes, lui dis-je. Nous n'avons ni travail ni avenir. Ce garçon essaye pourtant de me convaincre. Impossible ! Je décline ma première demande en mariage. Il repart. Nos lettres s'espacent. Un peu plus tard, Jack, l'un de nos amis communs à Brighton, m'écrit pour m'apprendre que, terrassé par la déception, Eddy s'est engagé dans la marine. Comme quoi, sans même le vouloir, on fait parfois du mal.

*
**

Dès lors se succèdent pour moi une multitude de petits boulots. Comme je n'ai toujours pas vingt et un ans, que je ne peux pas faire ce que je désire, c'est-à-dire être hôtesse de l'air, je m'inscris un peu partout afin de trouver du travail en intérim à l'aéroport de Nice pour devenir hôtesse d'accueil à terre et aux studios de la Victorine pour faire de la figuration dans des films internationaux, puisque je parle couramment l'anglais...

Je finis par décrocher un job de guide touristique dans les cars. Je fais découvrir les merveilles de notre Riviera aux étrangers. Cette nouvelle occupation me distrait. Prendre le micro m'amuse. Je me trouve en terrain connu. Je raconte l'Histoire, je fais remarquer des ruines à droite, le casino de Monte-Carlo à gauche... Il suffit de suivre le plan et de traduire ensuite en anglais. Rien de très compliqué.

Au fil des excursions je compte les passagers, je les emmène au Musée océanographique de Monaco, à La Turbie... À quelque endroit que ce soit, je les compte et recompte : j'ai toujours peur d'en perdre un.

Mon seul souci, c'est le chauffeur. Il magouille pour m'écarter au moment de la distribution des pourboires. Et je me retrouve toujours avec presque rien. Il me dit : « C'est normal. Vous n'avez pas su, vous n'avez pas assez bien tendu la main... » C'est vrai, je ne sais pas y faire. C'est une sorte d'orgueil, je n'y peux rien.

Dans ce genre de travail, il faut préciser qu'on « touche » sur tout : les repas aux restaurants, les entrées des musées, le jeu au casino, les souvenirs, les parfums... Partout où l'on emmène les touristes, on vous donne une commission.

À chaque étape, le chauffeur me harcèle pour que je passe à la caisse réclamer notre dû. Mais ça me barbe. Ces histoires de fric et de marchandage m'ennuient. Et faire le guide commence à me lasser. J'ignore que je vais bientôt changer de cap, à trois cent soixante degrés !

– VI –

NURSE CHEZ WALT DISNEY

Quand le papa du dessin animé me réapprend l'espérance

Après avoir tenu plusieurs mois et gagné en assurance, un beau matin je plaque mon travail de guide. Je repense à la Victorine, la Mecque du cinéma méditerranéen, et je m'y fais engager comme figurante.

Quelle effervescence règne dans ces studios ! À peine l'imposant portail franchi, on a l'impression de pénétrer dans un monde irréel. Un mélange d'Hollywood, de science-fiction et de conte de fées.

Les après-midi où je ne décroche pas d'apparition dans une superproduction, je vais poursuivre mes chimères dans les salles obscures du Vieux-Nice où passent les films que j'adore. Je ne me lasse pas d'admirer Cary Grant pris *La Main au collet*, séducteur amoureux dans le légendaire *Elle et Lui*, et Grace Kelly toujours divine, que ce soit dans *Fenêtre sur cour* ou dans *Le crime était presque parfait*.

Un jour, cependant, alors que je m'apprête à solliciter Clo d'Alban, une directrice de casting en charge des petits rôles, celle-ci m'apostrophe avant que j'aie le temps de dire quoi que ce soit :

– Si ma mémoire est bonne, Denise, tu parles couramment l'anglais...

Et sans même me donner la possibilité d'acquiescer, elle enchaîne :

– Ça te dirait de devenir dame de compagnie pour quelques semaines ?

– C'est une blague ?

– Non ! Il n'y a rien de plus vrai. Et tiens-toi bien, je parie que tu ne devineras jamais pour qui...

– Si c'est une blague, arrête !

– Walt Disney cherche une personne qui pourrait distraire sa femme et lui faire visiter le pays. En tant que producteur, il travaille actuellement en compagnie du metteur en scène à la préparation d'un film qu'ils vont tourner avec Fred MacMurray dans le rôle principal... Viens que je te présente.

Immédiatement ces Américains pleins de courtoisie me séduisent. L'attraction est réciproque. Au premier sourire, Mme Walt Disney semble éprouver pour moi une réelle sympathie. Tout a l'air parfait dans le meilleur des mondes.

Et cela se révèle aussi merveilleux que je l'escomptais... On passe un été fabuleux, enchanteur. D'une gentillesse toujours égale, Mme Walt Disney se montre vraiment adorable. Cela tombe bien : je passe toutes mes journées avec elle.

À l'heure du déjeuner on rejoint les hommes, où qu'ils se trouvent, pour les repérages. Soit à La Chèvre d'Or, le grand hôtel planté sur les hauteurs d'Èze où ils logent, soit à l'Eden-Roc et autres lieux tout aussi magnifiques. Avec mes pauvres moyens, je n'ai jamais connu cela. J'ai l'impression de plonger dans les décors idylliques de mes romances préférées. Le rêve absolu ! Et si Cendrillon n'a pas encore découvert son prince, elle n'en a pas moins trouvé ses souliers de vair, le sésame du paradis.

Chose incroyable : pendant les repas, mes employeurs me convient à leur table. Moi qui croyais déjeuner avec le chauffeur, ce qui d'ailleurs ne m'aurait pas choquée, je participe aux conversations. Enfin, pour être exacte, j'écoute, je me rode à un art qui va chez moi devenir une habitude, celle d'écouter les stars afin de m'enrichir de leurs expériences et de leur savoir, quitte à les bombarder de questions : je suis une insatiable curieuse. Et surtout, je voulais savoir comment ils en étaient arrivés là !

Pendant trois semaines magiques, je réalise combien la destinée peut réserver d'agréables surprises... Hélas, mes nouveaux amis m'annoncent qu'ils ont fini la première étape de leur travail.

– On revient tourner dans deux mois.

– Bon, bon... dis-je d'une petite voix.

– Denise, répètent-ils pour me consoler, on va se retrouver...

Jusqu'au dernier moment, je reste avec eux et je les accompagne à l'aéroport. Pourvu qu'ils ne m'oublient pas !

Deux mois plus tard, Dieu merci, nous voilà de nouveau réunis. La tournée des grands ducs reprend. Parfois mes compétences de guide touristique me servent et je peux ainsi satisfaire la curiosité du metteur en scène en l'entraînant sur le marché aux fleurs de Nice, dans l'arrière-pays cannois ou dans les environs de Saint-Paul-de-Vence.

Pour me donner une meilleure rémunération, les Disney me déclarent comme figurante de nuit et je profite donc d'un tarif double. À la fin des repas, quand le chef de la figuration arrive en disant : « Allez hop ! tout le monde au travail », mes copains figurants se lèvent de table et moi je reste tranquillement à finir ma glace en compagnie de Walt Disney et de son épouse.

Quelque temps plus tard, leur fille et leurs petits-enfants les rejoignent pour passer les vacances. Tout naturellement, les Disney me proposent de garder la jeune génération. Aussi bien la fille que ses petits garnements m'adoptent d'emblée.

Et ils essaient tous de me convaincre de rester avec eux pour toujours.

– Denise ! On voudrait bien vous garder, vous emmener avec nous aux États-Unis...

Comme d'habitude, car je ne suis toujours pas majeure, loin s'en faut, je pose la question à maman. Elle me répond aussitôt :

– Il est hors de question que tu partes...

Pas la moindre discussion possible. Pas la moindre possibilité de trouver un arrangement. Rien. Une seule solution : la soumission. Et ce n'est pas de gaieté de cœur que je m'y résous. Mais il en va ainsi...

*
**

Cette expérience n'a pas duré très longtemps. Je doute que la famille Disney se souvienne de moi aujourd'hui... Pourtant le papa du dessin animé a changé beaucoup de choses dans mes habitudes, dans ma façon de fonctionner.

Chez moi, on ne m'avait pas appris à me faire plaisir. Ce n'était pas le style de la maison. En revanche, on m'avait imposé de toujours faire ce que je devais faire, d'agir par devoir, en respectant règles, morale et discipline de la petite bourgeoisie... On me faisait bien comprendre que je faisais partie des petites gens, des modestes de ce monde. Cette appartenance, d'ailleurs, m'emplit de fierté. Mais ce n'était pas (et ce n'est toujours pas) une raison pour s'interdire de vivre selon ses aspirations. Chacun a droit à sa part de paradis. Et pas seulement au Ciel !

Avec Walt, grâce à sa bonté, sa générosité, j'ai découvert non seulement les palaces et une existence de rêve, mais surtout la faculté d'espérer. Cet homme parti de rien m'a laissé entrevoir que mes désirs pouvaient devenir des réalités, à condition de le souhaiter très fort. Selon les lois du cœur, il n'existe aucune différence entre les diverses classes sociales. Lui et son épouse me traitaient comme une princesse. Ils m'ont transmis l'ambition d'en devenir une. Et je décidai d'y arriver coûte que coûte.

– Livre 2 –

J'AVAIS VINGT ANS...

– I –

TOP MODEL

Et en route pour les tests de maintien !

Dans la vie, parfois, quand on est confronté à certaines situations, on ne sait comment s'en affranchir. Puis survient un déclic, une solution. Encore faut-il une marge de temps pour réagir, et mettre cette solution en pratique.

C'est ce à quoi je me mesure après le départ des Disney. Je ne sais plus très bien ce que je veux faire. Hôtesse de l'air, figurante ? L'important, pour l'heure, est de continuer à travailler pour assurer mon indépendance financière. Aussi, lorsqu'on me propose un poste de secrétaire à plein temps dans l'immobilier, je fonce sur ce job. Là encore je vais découvrir un autre univers, un peu éloigné de mes rêves, certes, mais qui me fera patienter en attendant une opportunité plus adaptée à mes souhaits et qui aurait, en outre, le mérite de satisfaire mes aînés. Car je suis toujours dans le giron familial.

Ah ! mon « stage » dans l'immobilier, quelle farce ! Heureusement M. Charles, un patron fabuleux, se montre indulgent. Même lorsque je fais tout de travers, ce qui arrive la grande majorité du temps...

Trois ans plus tard, quand je commencerai à connaître une certaine notoriété, je retrouverai cet homme formidable lors d'un dîner au Pirate, un restaurant très prisé, la « cantine » de Sinatra et des superstars américaines de passage sur la Côte d'Azur. Il régnait au Pirate à l'époque une ambiance époustouflante. Les convives y cassaient tout. Chaque fois, la direction devait racheter des chaises. Mais dans les années soixante, ce genre de débordements ne surprenait personne. Cela faisait partie du rituel...

Au cours d'une de ces soirées fort animées, je rencontre donc mon ex-patron qui me dit : « Vous me faisiez rire. Vous étiez tellement attendrissante. C'est fou ce que ce métier ne vous correspondait pas ! »

Comme il avait raison !

Lorsque j'étais à son service, je me laissais séduire par sa conversation et j'oubliais de prendre en sténo ses consignes. Soudain il s'interrompait et me demandait :

– Alors, vous avez pris des notes ?

Je bredouillais. Et il éclatait de rire. Je faisais quand même du cent dix mots minute. Mes compétences étaient indéniables. Mais ma fantaisie me jouait des tours...

Cependant le hasard – autre nom de la destinée – a certainement voulu me voir passer par cette étape. Dans cet emploi, en effet, j'ai fait l'une des rencontres les plus déterminantes de ma vie : Colette, une de mes collègues, dont je suis devenue très proche.

Colette, bientôt, postule pour un poste de speakerine à TMC, Télé Monte-Carlo. Cependant, contre toute attente, car elle « présente » vraiment très bien (dans les deux sens du terme), on ne l'embauche pas... Georges Caisson, le directeur des programmes qui l'a auditionnée, est tombé fou amoureux d'elle et lui a demandé sa main. Pour ne pas confondre vie privée et vie publique, le jeune couple décide d'un commun accord que Colette ne travaillera pas à TMC. Mais elle et moi resterons en contact, même après que j'aurai quitté l'immobilier.

Car je continue mon petit bonhomme de chemin. Des amis de maman dans le prêt-à-porter me recommandent auprès de leurs relations. Engagée comme mannequin, je pose pour des photographes à Nice et pars faire des présentations de collections en Italie. Cela me permet de m'aguerrir, de sortir de mes ornières et de l'optique très « couvent des Oiseaux » dont j'ai hérité en pension. Ensuite je participe au Salon du prêt-à-porter porte de Versailles.

Un jour, Linda Garbo, une grande couturière de la région niçoise, décide de me donner ma chance. Pendant quelques mois tout se passe bien, sans incident majeur. Elle dirige son personnel avec une main de fer dans un gant de velours. C'est un peu sportif mais l'équipe obéit.

La saison se poursuit. Je revois mon amie Colette. Sur ses conseils et ceux de son mari, je m'inscris pour le concours de speakerine à Télé Monte-Carlo... Je passe une première sélection, avec succès semble-t-il. Mais Linda nous annonce que nous devons participer à une série de prises de vue pour présenter sa nouvelle collection. Dès lors, la cheftaine transformée en tyran nous harcèle de ses exigences. Nous obéissons toujours. Les cadences s'accélèrent. Photos du matin, chagrin. Photos du soir, désespoir ! De mauvaises conditions météorologiques s'en mêlent et ajoutent à la morosité générale. Petites mains, photographes et mannequins se serrent les coudes dans l'adversité. Pour rattraper le retard pris sur le planning, chaque personne du staff essaie de parer aux coups du sort.

Le reportage photo avance tant bien que mal. Il est presque terminé quand un orage survient et gâche la dernière séance. De façon un peu acerbe, Linda nous somme de la refaire le lendemain matin. Sans attendre, je la rejoins et tente de m'expliquer :

– Pour demain matin, vous pouvez compter sur moi. Mais j'espère que nous bouclerons vite. L'après-midi, je suis convoquée par TMC pour passer une audition...

– TMC ? Mais vous travaillez pour moi ! Ma petite, un engagement est un engagement. Vous ne pourrez honorer le second que lorsque vous aurez rempli le premier.

Toute la soirée, je me fais un mouron d'enfer. Pour une fois que ma mère, enfin heureuse de mes choix, me donne sa bénédiction et ne cesse de me répéter qu'un job à la télévision est prometteur pour l'avenir !

Voilà ma carrière compromise avant même d'avoir vu le jour.

Le matin fatidique, malgré une nuit blanche, j'arrive sur les lieux non du crime mais de mon exécution. Le cœur battant, je scrute les nuages. Le ciel du Midi fait toujours grise mine. Les heures s'égrènent et, avec elles, le moral de l'équipe s'obscurcit. La luminosité défectueuse empêche de prendre le moindre cliché. Je tente une nouvelle fois d'apitoyer ma patronne. En vain. Vais-je laisser cette mante religieuse m'opposer son veto et anéantir mes projets ? J'hésite encore puis je m'approche d'elle et murmure :

– Il est midi. Je meurs de faim. Je cours m'acheter un pan-bagnat et je reviens...

En me transperçant du regard, Linda acquiesce. Mon air effarouché doit la rassurer. Elle me donne la permission de m'évader cinq minutes.

– Surtout ne faites pas l'imbécile ! menace-t-elle. Au moindre faux pas, j'interviendrai auprès de la télé... Vous avez un contrat avec moi !

Sans plus tergiverser, je saisis mon sac et disparais. Linda ne me reverra pas. Quand elle réalisera ce que j'ai fait, je serai déjà à la gare des autobus, prête à monter dans un véhicule en direction de la Principauté...

Pendant le trajet, je me force à respirer en essayant de récapituler les consignes de Georges Caisson, le mari de ma Colette, qui m'a fait répéter avec patience.

Sitôt franchie la porte des studios de télévision, je m'élance vers lui et lui avoue mon infortune, les avertissements de ma directrice...

– Denise, tout va bien ! Vous avez déjà passé une première sélection en vous distinguant par votre anglais et vous avez prouvé aux autres dirigeants que vous étiez tout à fait capable de mener des interviews dans cette langue. Ne paniquez pas ! Avec votre expérience de mannequin, vous allez marcher comme une reine devant les caméras et donc réussir les tests de maintien. Chut ! Plus un mot. Arrêtez de gigoter. Souriez ! Et tenez-vous droite...

– Mais Linda Garbo ?

– Je m'en occupe. Décontractez-vous...

Et c'est vrai, il s'en occupe. Heureusement, car la méchante téléphone à TMC. Par chance, elle tombe sur Georges...

Entre deux filages, je reçois un appel de ma mère. Mme Linda Garbo ne s'est pas contentée d'essayer de me démolir auprès de mes futurs employeurs, elle a aussi prévenu maman en certifiant qu'elle allait « me casser ».

– Quelle sottise as-tu encore faite ? attaque ma mère.

Je lui explique. Elle a du mal à me croire. Elle préfère accréditer la version d'une étrangère. Mais quand me fera-t-elle confiance ?

Naturellement, lorsque arrive enfin ma première annonce, le trac me prend. Et bien entendu, c'est du direct. Il s'agit de parler, sans prompteur, du film qui passe chaque soir. Dans la cabine-studio, face à la speakerine en titre qui deviendra par la suite une grande réalisatrice, je me trompe et je m'enferre. L'horreur !

Pourtant, et bien que j'ignore encore pourquoi aujourd'hui, les décideurs m'engagent.

Commencent alors des années merveilleuses que ponctue néanmoins une frousse incoercible. Malgré une maîtrise plus approfondie du métier, malgré la reconnaissance du public, le trac ne me lâchera pas, en effet. Ce qui me sauve cependant, c'est que j'ai le trac joyeux ! Au summum de l'angoisse, au lieu de devenir muette comme une carpe, empotée, confuse, la plupart du temps j'éclate de rire. Cela m'a toujours servi, bien involontairement d'ailleurs. Mais c'est ainsi.

En tout cas, s'il m'est arrivé au fil des années de canaliser l'appréhension, de la surmonter parfois après maints efforts, je ne l'ai jamais éradiquée complètement. Et à bien y réfléchir, cela fait partie aussi du charme de ce métier. Quand le rouge s'allume, c'est comme si l'on entrait sur scène. On a répété, on connaît son texte, mais on n'est pas à l'abri d'une anicroche, d'un incident sur le plateau, c'est la grande aventure du direct.

Pendant des années – tant que l'on ne préenregistrait pas les émissions –, j'ai connu les battements de cœur du direct ! Ça, c'est motivant ! Aujourd'hui, tout est enregistré ou presque. Honnêtement, j'ai du mal à m'y faire. Quelque part je sais que c'est du différé, je sais qu'il va y avoir un montage, ça me coince. Cette façon de pratiquer retire toute spontanéité. Lors d'un tournage, je peux refaire une ou deux prises, mais à la troisième, pour moi, c'est déjà fichu. Je prends un ton monocorde, je ne fais que me répéter, toute spontanéité s'en va. C'est pourquoi, lorsque c'est possible, je demande à travailler dans les conditions du direct. Advienne que pourra ! On ne sait pas ce qui va se passer. Tout peut arriver, en direct. C'est ça, l'intéressant. C'est ça, l'envoûtant. Une jolie façon de flirter avec l'inconnu...

– II –

DÉBUTS À TÉLÉ MONTE-CARLO

Raymond Moretti, André Asseo, Louis Nucera, Gaby Morlay, Jean-Claude Pascal et l'irrésistible capitaine Troy

Devenue speakerine officielle de TMC à dix-neuf ans, je continue de fréquenter Georges Caisson et sa femme Colette. Malgré mon amitié pour celle-ci, je vouvoie son conjoint, mon directeur. C'est mon patron, après tout. Même lors des dîners chez eux ou lorsque je le vois en privé, je garde une certaine réserve. Mais grâce à ce couple d'amis, je gagne en confiance.

À cette époque, on demande aux présentatrices de faire ce que j'appellerai des fausses publicités, disons de la « réclame », et ce toujours en direct. Ma première pub pour les pâtes Lustucru reste un morceau d'anthologie.

Lustucru ! À l'heure prévue, j'arrive sur le plateau, les machinistes courent de gauche à droite, les assistants hurlent. Soudain l'un d'eux m'arrête, me colle deux poules vivantes sur les bras et me crie :

– Surtout tiens-les bien !

Je comprime comme je peux les pauvres bestioles contre moi. Sans que j'aie le temps de comprendre ce qui m'arrive, le réalisateur me pousse derrière une espèce de devanture qui ressemble vaguement à une épicerie pleine de paquets bleus, avec des losanges frappés de la fameuse marque, dans un design qui a fait son succès.

Le metteur en scène impose le silence. Participants et volatiles sont priés de se calmer. On entend le clap. La scripte annonce :

– Denise, c'est à toi.

Ayant coincé les poules sous mes bras, j'arrive au milieu de l'échoppe en disant :

– Pour le goût, il n'y a que les Lustucru...

Mais voilà que mes deux poules battent des ailes dans des « cot-cot » exaspérés et s'échappent, se moquant complètement du spot dont elles sont les vedettes.

– On la refait, on la refait ! tempête un technicien.

Dans un vent de folie, on tente de récupérer les poulettes qui volent dans tous les sens. On les coince, « on la refait », elles refichent le camp, je cours après elles...

Entre deux courses poursuites je me remémore mon texte, mais dès que la caméra fonctionne, mes maudites partenaires partent en dépit de toute logique, jamais dans la même direction et je m'embrouille. Finalement, quand je passe pour de bon à l'antenne, en pleine annonce, j'éclate de rire...

Ma prestation terminée, je fulmine : « Plus jamais on ne m'y reprendra, c'est une catastrophe. Ils vont me virer ! » Sur le plateau, tout le monde répète que j'ai loupé le coche. Mais le standard se met à sonner. Les téléspectateurs se manifestent, téléphonent en disant : « On s'est bien amusés, c'est beaucoup plus drôle, les pubs comme ça ! »

Dès lors, le public m'attend au tournant d'une catastrophe ou d'un fou rire incontrôlé.

Pendant des mois, la direction continue de me mettre des poules vivantes dans les bras. Chacun guette la minute Lustucru... Parfois, quand je réussis à tenir mes poulettes, je dis mon texte assez correctement. Mais aussitôt mes fans se manifestent pour protester en émettant des commentaires du genre : « Denise est plus drôle quand ça part dans tous les sens. »

Car il faut préciser qu'il est hors de question, à l'époque, de se resservir des films mis en boîte. On n'enregistre pas la prestation, les présentatrices refont leur numéro chaque fois. Que ce soit pour des produits alimentaires ou des vêtements, la réclame, ancêtre de la pub, impose son diktat : le direct ! Et personne ne chipote sur le rôle à jouer. Faut-il promouvoir tel ou tel magasin de mode ? Affublée d'un trench-coat dernier cri ou d'autres toilettes en vogue, chacune déambule devant les caméras. Faut-il vanter les spécialités régionales d'une grande enseigne, me voilà en costume breton. Et ça marche ! Sauf que le jour où mes amis niçois m'ont vue en Hollandaise, un énorme fromage sous le bras, avec, derrière moi, un moulin à vent portant l'inscription « Visitez la Hollande », ils ont quand même bien ri...

*
**

Parallèlement à ce début de carrière, je regagne la confiance maternelle. Même si, assez libre grâce à des horaires irréguliers, je m'émancipe et sors de plus en plus.

Sur ces entrefaites, Georges Caisson m'encourage à mener les interviews des vedettes de passage dans notre contrée. Jusque-là, aucune speakerine ne s'est hasardée à se lancer dans cette aventure de l'entretien filmé. En quête de stars à présenter à l'antenne, je rencontre donc de nouvelles têtes, notamment des familiers de la Victorine. Assez bien vue par les différentes équipes en place, je me fais rapidement des amis parmi la curieuse faune qui fréquente les studios.

De fait, j'intègre une nouvelle bande, « la bande à Moretti », Raymond Moretti le peintre, grand ami de Cocteau, dont le succès a depuis franchi les frontières.

À l'époque, Moretti possède un atelier dans les enceintes mêmes des célèbres studios de cinéma niçois et vit surtout la nuit. Au côté de ce copain, je remarque André Asseo et Louis Nucera, tous deux journalistes et pas encore écrivains. Cela se passe avant qu'ils ne montent à Paris, qu'ils ne deviennent les familiers de Joseph Kessel, avant qu'on se retrouve tous dans la capitale à faire les zouaves à La Tour Montlhéry, le mythique restaurant des Halles...

Tous ensemble, on prend donc l'habitude de se réunir pour le déjeuner. Ce sont mes potes, mes frères. Ils me chahutent mais ils me protègent aussi. Avec eux, je ne crains rien. Je les admire. Déjà leur talent s'affirme. Habituée désormais à discuter avec tout le monde, je me sens des leurs, acceptée. Quand ils débordent du cadre de la sagesse, ils me renvoient dans mes foyers.

En tant que protégée de Moretti, les autres me respectent. Il est hors de question qu'on touche à la « petite », à l'enfant du pays. Ils savent que maman m'élève seule. Pourtant, dans la bande, on compte plusieurs zigotos peu fréquentables ! Mais avec moi, ils adoptent une conduite et un comportement exemplaires.

Raymond, André et Louis me donnent des tuyaux sur les personnalités avec lesquelles j'aimerais m'entretenir. Se succèdent alors une série de gags pas possibles...

*
**

Ma première célébrité se nomme Gaby Morlay, une actrice au faîte de la gloire qui habite la Principauté. Pour la circonstance, j'ai dévoré tous les articles de presse la concernant et j'ai écrit mes questions « antisèche » avec application.

Rendez-vous pris, je me rends au studio de TMC. Dans mes petits souliers, je salue la dame. On nous installe dans un salon d'apparat. Chacun nous comble des meilleures attentions. Tout va bien. Aucun récif à l'horizon.

Alors qu'on s'apprête à tourner, coup de théâtre ! Gaby trouve que la caméra est mal placée par rapport à elle et change de fauteuil. Désormais son meilleur profil regarde du côté du cameraman, le même qui doit me donner le top. Seulement ce changement fait que moi je ne vois plus rien. Même pas le geste du cameraman qui m'indique que je suis à l'antenne ! Je reste perdue dans mes notes, et nous sommes en direct ! À un moment, je lève les yeux et je vois Gaby me regarder avec insistance. Je lui souris. Elle essaie de m'avertir par une mimique qu'il faut se lancer mais je ne comprends pas. Adorable, elle tente de me mettre à l'aise. Rien à faire.

Tout à coup, je me vois sur l'écran témoin.

Catastrophe ! Il n'en faut pas plus pour que je perde pied. Le blanc total ! J'en oublie jusqu'au nom de mon interlocutrice. Un trac dément me paralyse. Tétanisée par le silence qui s'installe, la bouche sèche, je me retrouve dans l'impossibilité de prononcer un seul mot. Difficile d'imaginer un subterfuge, du genre : « Alors, vous séjournez à Monte-Carlo ? » Il faudrait démarrer par une phrase de bienvenue mais comment faire quand on ne sait même plus comment se nomme son invitée ?

Finalement, après une longue, longue minute de silence, voyant mon handicap, Gaby prend la parole :

– Je suis tellement heureuse d'être avec vous, aujourd'hui, Denise. Ici, tout le monde est charmant, il fait si beau à Monaco...

Quelle professionnelle ! Sans en avoir l'air, elle m'insuffle l'énergie de rebondir. Plus besoin de dire son nom, rien. Mes facultés me reviennent, je sors de mon mutisme et l'entretien se passe sans autre mauvaise surprise.

Une semaine plus tard, me voici en face de Jean-Claude Pascal, connu aussi bien comme comédien que comme chanteur. Le tombeur de ces dames, au charme pour le moins renversant, vient de remporter le concours de l'Eurovision avec *Nous, les amoureux*. On se retrouve à Télé Monte-Carlo.

L'émission commence par une chanson en play-back où Jean-Claude doit allumer une cigarette. Je suis chargée, pour les besoins de la mise en scène, d'arriver avec un briquet et de lui offrir ma flamme.

Le « top » donné, la musique démarre. Jean-Claude Pascal prend sa cigarette. Gros plan. À l'écran, on voit ma main arriver. Mais je tremble tellement... Le briquet ne veut pas fonctionner ! Imperturbable, une fois la chanson terminée, Jean-Claude continue à jouer avec sa cigarette, toujours pas allumée, et attend mes questions. Mais moi, je reste obnubilée par ma main tremblotante et j'en oublie mon interview. Alors arrive l'invraisemblable : Jean-Claude, ayant jeté un coup d'œil sur la feuille où sont inscrites mes antisèches, y répond avec brio, faisant les questions et les réponses. « Je suis sûr, ma chère Denise, que vous brûlez d'envie de savoir... Eh bien je peux vous assurer que... » Bref, il s'interviewe tout seul !

Inutile de dire que je suis morte de honte...

Autre souvenir mémorable, ma soirée avec Gardner McKay, invité à Monte-Carlo par *Télé 7 Jours*. En ce temps-là, sous les traits de l'irrésistible capitaine Troy (dans la mythique série américaine), Gardner règne sur les cœurs de toutes les midinettes de la Terre. Ce beau gosse déchaîne la folie des femmes comme des jeunes filles en fleurs. Elles se l'arrachent. Dès qu'il apparaît souffle l'hystérie...

Et voilà que mon cher Georges Caisson me donne comme nouvel ordre de mission de m'occuper de ce superbe ténébreux. Le patron insiste :

– Denise, en interview, vous posez vos questions en anglais, vous les traduisez en français, ainsi que les réponses de Gardner. Et que les téléspectateurs participent... Allez, je vous fais confiance !

Morte de trac, je parviens quand même à mener un entretien digne de ce nom. J'ai maintenant quelques mois de pratique derrière moi, je me maîtrise mieux dès que je vois une tête connue arriver... Du reste, comme pour me guérir de ma timidité maladive, Georges Caisson me commande de plus en plus d'interviews : Marcel Pagnol, Dawn Adams, Marcel Achard... Autant le dire, je lui dois beaucoup. Sans lui, je serais restée une potiche.

Ce jour-là, en tout cas, le résultat dépasse mes espérances, car dès l'interview bouclée Gardner m'invite à dîner au Pirate. Rien que ça !

Nous sortons donc du studio. Où qu'on aille, les fans de Gardner le suivent. Partout, dehors, la folie, des cris : « Gardner ! Capitaine Troy ! » Et dans la mêlée, impeccable, royal, Gardner avance, me tenant délicatement la main comme si j'étais pour lui l'être le plus précieux !

Dîner merveilleux en compagnie d'un journaliste de *Télé 7 Jours*. À la fin du repas, comme mon bel acteur est hébergé au-dessus de Cannes – à la fondation Prouvost (institution créée par le propriétaire de l'hebdomadaire télé où résident nombre de stars) –, il me demande de le raccompagner.

En réalité, on n'a pas cessé de se dévorer des yeux pendant toute la soirée. Et j'ai beau me dire que ce n'est pas très raisonnable, j'accepte de le ramener à la fondation.

À cette époque je possède une Floride-S, une décapotable dont je paie chaque mois les traites. Maman m'a un peu aidée. Ce n'est pas la moins chère des « petites voitures ». Comme se plaît à répéter ma tutrice : j'ai des goûts de luxe. Mais ce soir, je me félicite de mon choix.

Au moment de monter dans mon carrosse, Gardner me dit : « Si vous le permettez, je vais conduire, ça va me faire du bien... » Comment le lui refuser ?

Et nous voilà partis dans la nuit sur la petite corniche. Il commence à passer les vitesses dans tous les sens, à accélérer, à foncer comme on voit les acteurs le faire dans les films américains. À cette différence près que ma Floride ne ressemble en rien à une voiture hollywoodienne. Intérieurement, je ronge mon frein. C'est sûr, il va me bousiller mon auto. Virage après virage, sa conduite devient de plus en plus périlleuse. Si c'est pour m'épater, c'est raté. Entre lui et ma décapotable, j'ai choisi !

D'un geste, je l'oblige à stopper et à descendre. Il a beau être une grande vedette américaine, moi je n'ai qu'une petite voiture et j'en connais le prix. Je reprends donc le volant. Et c'est à mon rythme que je le raccompagne jusqu'à Cannes.

Là, il me prend dans ses bras, m'embrasse sur la joue, me regarde afin de savoir s'il peut aller plus loin. L'air est doux, embaumé par les pins parasols qui nous cachent des étoiles. En fond sonore, les grillons nous jouent la sérénade. Je me hausse sur la pointe des pieds et lui rends son baiser... tout près de l'oreille !

Eh oui ! Ma famille a beau me juger « inconsciente », je garde les pieds sur terre. Même si ce séducteur planétaire m'a donné l'impression de ne voir que moi pendant tout le dîner, je saurai me contenter de ces délicieux moments. Qu'irais-je faire dans son lit ? Avec toutes ces filles folles de lui, plus belles les unes que les autres, je pèse quoi, dans l'histoire ? Que vais-je récolter ? Une nuit sans lendemain, alors que je rêve du grand amour et que je suis totalement novice en la matière ?

Car si je donne aux miens l'impression d'être délurée, je n'en suis pas moins prudente. Je n'ai pas encore connu de coup de foudre, je ne suis jamais vraiment tombée amoureuse. Ce que me propose ce garçon est contraire aux idées que l'on m'a inculquées. Et surtout, j'ai trop peur qu'il « m'arrive quelque chose », comme dirait ma mère, et de me retrouver abandonnée. En ce temps-là, les femmes seules avec un enfant étaient montrées du doigt. Les divorcées aussi, d'ailleurs. Aujourd'hui on ne s'en rend pas compte car Mai 68 a bousculé les valeurs et propagé la tolérance, mais au début des années soixante on était encore loin de cette permissivité.

Ce soir-là, la peur d'être mise à la porte de la maison et de perdre mon emploi m'a protégée. Ce n'est pas la meilleure raison de rester vertueuse mais on a les motivations que l'on peut. Et je suis repartie vers Nice en laissant en plan le bel apollon. Bonjour sagesse !

– III –

MISS PLUS BEAUX YEUX

Johnny Hallyday, Jean Cocteau, les Compagnons de la chanson, l'Aga Khan, Jacques Brel et quelques truands d'envergure

Raymond Moretti, Louis Nucera et André Asseo, qui me « pistonnent » toujours sur les divers scoops à décrocher pour la télé, décident soudain de me donner un « phénoménal » coup de pouce pour me promouvoir au top des speakerines.

Resituons le contexte de l'époque et de la région. Qui dit Nice et Côte d'Azur pense par la force des choses *Nice-Matin*. Or deux de mes collègues, protégées par des journalistes de ce quotidien, essayent de m'envoyer dans les choux à TMC en faisant sans cesse les gros titres de ce journal. Bientôt, des rumeurs circulent dans les couloirs. On parle d'alléger le staff des présentatrices et de se séparer de l'une d'elles. Il paraîtrait même que je serais celle-là. Sans tarder, j'en parle à mes copains. Je leur communique mes inquiétudes. Aussitôt les compères réagissent : ils ne vont pas me laisser m'enferrer dans cette situation !

Et les voilà partis à échafauder un plan de bataille. Deux jours plus tard, ils me téléphonent et me donnent rendez-vous sur la plage Beau-Rivage, à Nice.

Quand j'arrive sur place, mes amis discutent avec un superbe type que je vois de dos et Raph Gatti, le photographe attitré de *Nice-Matin* et de l'AFP, l'Agence France-Presse. Aussitôt Raph me dit, en me désignant l'inconnu : « Voilà, tu vas te mettre à côté de lui et on va faire une photo. »

Interloquée, je regarde mes mentors. Qu'est-ce qui leur prend soudain, de vouloir me transformer en starlette ? D'un sourire, ils m'encouragent. Je détaille le garçon. Et soudain je reconnais Johnny. Johnny Hallyday ! L'idole des jeunes qui commence à faire un tabac dans toutes les salles où il passe, Golf Drouot et Alhambra compris.

Sur la plage ensoleillée, je m'exécute et me rapproche de Johnny. Clic-clac ! Les clichés sont pris. Quelques heures plus tard, Raph les adresse à l'AFP qui les dispatche dans toutes les salles de rédaction de France et de Navarre. En légende, on peut lire : « Un jury composé de journalistes et d'artistes, parmi lesquels Raymond Moretti, Jean Sablon, Johnny Hallyday, Marcel Amont, Gabriele Ferzetti, et de certains sportifs comme les footballeurs Serge Roy, Jacques Foix et André Boragno, a choisi Denise Fabre comme ayant les plus beaux yeux de la Côte d'Azur. »

Cette information est très vite divulguée par les journaux et les magazines régionaux. La réaction de mes collègues de TMC ne se fait pas attendre. Le soir même, tandis qu'un projectionniste fait le point lumière sur moi, les autres techniciens en service s'approchent et me lancent :

– C'est vrai, Denise. Ils sont superbes, tes yeux...

Plus de doute possible, la petite est lancée. Sans chercher à contenir ma joie, je leur adresse un grand sourire.

*
**

Lorsque mes obligations professionnelles me le permettent, je m'adonne aux plaisirs de mon âge en me rendant à des soirées ou en allant danser. Ma meilleure amie s'appelle Poussy. Issue d'une des plus grandes familles de Nice, fille d'un prestigieux chirurgien, sœur de Jean-Noël Grinda, le célèbre joueur de tennis, Poussy est une personne extraordinaire, d'une sublime beauté, aussi bien physique que morale.

Déjà adolescentes, quand on avait quinze ans, on se voyait beaucoup. Son père m'avait opérée du genou quand je m'étais cassé la rotule en scooter au moment de mes premières frasques. Nous n'avions pas le même parcours. Poussy ne fréquentait pas les caves mais plutôt les rallyes et la haute société mais elle voulait toujours m'inviter partout, sans jamais faire aucune différence entre nous.

Devenue speakerine, j'ai eu, naturellement, l'opportunité de retrouver cette complice. Et on ne se quitte plus. Quand je n'ai pas d'argent pour aller au ski, Poussy se débrouille pour me prêter ses tenues et partager avec moi sa chambre d'hôtel comme une vraie sœur. Malgré son allure, ses relations et ses moyens, elle a su toujours rester simple et conserver un cœur d'or.

À vingt ans, pourtant, il est difficile d'avoir une amie aussi belle, car on existe peu auprès d'elle. Dès que Poussy arrive quelque part, les garçons ne voient qu'elle. Mais, d'un autre côté, être dans son sillage me pousse à lutter contre mes complexes.

Il faut dire que j'ai à l'époque une certaine tendance à me déconsidérer. Le Bon-Pasteur, le manque de confiance que m'a longtemps témoigné ma mère ont contribué à me donner une très mauvaise image de moi-même. Me sous-estimant du fait que je n'ai pas poursuivi mes études, préférant fuir mon milieu et m'ouvrir à un autre mode d'existence, je suis devenue, face aux personnes extrêmement cultivées que j'admire, une image lisse et glacée, quelqu'un qui n'ose s'affirmer et qui donne juste le change.

En observant des gens tels que Nucera, Asseo ou Moretti qui se sont faits tout seuls, en les fréquentant, j'ai décidé de les prendre pour modèle en me formant sur le terrain. Sur la Côte d'Azur, lorsque l'on n'appartient pas à la jeunesse dorée, le seul moyen de connaître la réussite et d'arriver, c'est encore le travail. Et c'est le moyen que je choisis alors pour me distinguer et acquérir mes titres de noblesse.

Avec la notoriété, je n'ai pas changé d'axe de conduite. Toujours consciente que je ne fais pas partie du monde que je présente, j'ai cultivé l'ambition de servir d'intermédiaire entre le public et les vedettes, mais en gardant ma place. Ce n'est pas de la fausse modestie. C'est simplement accepter la réalité et ne pas avoir la grosse tête.

Je pense que cette sagesse a contribué à ma popularité.

De fait, dès mes débuts, il m'est donné de côtoyer nombre de monstres sacrés ou de merveilleux poètes. À cette époque, ils sont légion sur la Côte... J'ai beaucoup de chance. Il suffit d'être au bon endroit avec les bonnes personnes.

Ainsi, un jour, en accompagnant Pierre Pasquini, un ami de ma famille, avocat très brillant, je déjeune avec Jean Cocteau dans la villa de Francine Weisweiller à Saint-Jean-Cap-Ferrat. Sans savoir ce qui m'attend, je débarque dans un paradis où des murs entiers sont recouverts de fresques du maître.

On est en petit comité. Sur la terrasse, non loin de nous, Carole, la fille de notre hôtesse, qui écrit une lettre, vient par moments se blottir sur les genoux du poète en l'appelant « Monsieur Jean ».

Dès que Cocteau parle, on s'envole dans des sphères inaccessibles au commun des mortels. « Monsieur Jean » a une telle hauteur de vue que j'en reste pantoise. Les heures passent sans que l'on s'en rende compte. Au moment de repartir, j'ai l'impression d'avoir été entraînée aux portes de l'éternité.

Nous sommes en 1962. Personne ne se doute que, l'année suivante, cet homme merveilleux tirera sa révérence pour rejoindre sa dernière demeure. Ainsi va la vie. À bientôt sous d'autres cieux, Monsieur Jean...

*
**

Les activités s'enchaînent. Les leçons aussi. Bientôt, je présente mon premier gala. C'est la mode et ça l'est resté : les personnalités du petit écran prennent l'habitude d'intervenir et de jouer le rôle de Monsieur ou Madame Loyal lors des manifestations publiques.

Dans les années soixante, à Monte-Carlo, ces soirées de fêtes, les « Galas sous les Étoiles », foisonnent plus que nulle part ailleurs. Elles se déroulent dans l'ancien stade Louis-II, ouvert tout l'été. Et bien que le lieu n'ait pas encore été rénové et ne possède pas les aménagements actuels, l'ambiance y est solennelle, magnifique.

En ce qui me concerne, très souvent engagée par la SBM, la Société des bains de mer qui gère l'hôtel de Paris, l'hôtel Hermitage, le Sporting et autres établissements sélects de la ville, j'interviens lors des spectacles du Sporting. Pour ces occasions, je loge à l'Hermitage. Tous les après-midi, je vais me baigner. Avec les laissez-passer mis à ma disposition par la SBM, j'ai mes entrées partout, pour déjeuner au café de Paris ou à la plage du Palm Beach, un club très privé.

Après les distractions, je repars vite à l'hôtel me changer et me préparer pour les répétitions, s'il y en a... Parfois, lorsque les vedettes donnent deux-trois concerts, on ne répète qu'une fois.

Je retrouve en coulisses Aimé Barelli et son orchestre. Choristes et danseuses me traitent avec considération. Comme « la bande à Moretti » à Nice, ces affranchis du spectacle, touchés par ma jeunesse, me prennent sous leur aile et m'encouragent. Toujours aussi timide, j'en ai bien besoin. Surtout lors de mon premier gala, mon « baptême de l'air » avec les Compagnons de la chanson...

Je me souviens d'un immense brouhaha... Tout le monde virevolte autour de moi. On se croirait dans une ruche. Ce sont mes débuts. La prem' des prem's ! En dépit de ma petite expérience dans les studios de télévision, j'ai l'impression d'entrer dans la fosse aux lions. L'effervescence des coulisses me terrifie. Au moins, à la télé, le silence règne !

L'orchestre attaque les premières mesures mais je ne peux pas avancer. Dans un effet de style, l'orchestre reprend, comme s'il s'amusait à jouer la répétition. Littéralement statufiée, je ne bouge toujours pas.

Jean-Louis, l'un des Compagnons (et qui fut l'amant de Piaf), s'approche et me dit : « Allez maintenant, tu y vas ! » Impossible. Mes pieds refusent de m'obéir. J'ai trop peur. Les fauves vont me dévorer. En désespoir de cause, le chanteur me pousse carrément sur scène ! Là, il me faut improviser. Je bredouille deux ou trois mots. Le public, bon enfant, applaudit. Je suis une fille du pays, il trouve cela charmant. Un sourire, une petite révérence, je repars et sors de l'autre côté aussi vite que je suis entrée.

À la fin du spectacle, Jean-Louis, qui pourtant se montre d'habitude avare de confidences sur la môme Piaf, me raconte leur « aventure » entre deux coupes de champagne.

– Quand Édith a quitté Montand pour moi, Yves m'a cherché dans tout Paris afin de me régler mon compte. Ensuite Piaf est tombée follement amoureuse de Cerdan... Mais je peux te dire que je ne me suis pas lancé sur la piste de mon rival pour lui casser la gueule...

Quelques mois après ce brillant flop, j'anime à l'hôtel de Paris une soirée qui réunit la princesse Grace, le prince Rainier, Aristote Onassis et la Callas. Autant dire que je me paye la frayeur de ma vie. Or je réussis non seulement à passer le test haut la main mais à séduire l'assistance.

Alors que je termine ma prestation, un homme à l'allure altière s'approche de moi et engage la conversation. Son visage me dit quelque chose mais je suis incapable de le situer. Encore un effet du trac, sans doute. Qu'importe ! Ce gentleman a une allure folle. Sa voix douce et posée me transporte dans un autre monde, aux confins de l'Orient.

Deux coupes de champagne plus tard, il me propose de me raccompagner. Se pointe alors mon sempiternel cas de conscience de fille sage. Pourtant... c'est quand même un bel homme !

Sans avoir le temps d'approfondir la question, je vois une dame à la démarche royale nous rejoindre. Très dignement, elle se présente. Cette dame est la maman de mon chevalier servant. Soudain, je réalise que je suis en train de converser avec le prince Sadruddin Aga Khan ! Avec élégance, l'altesse propose de nous accompagner. Je suis sauvée ! À mon avis, cette intervention n'est pas anodine...

Ce soir-là, tard dans la nuit, habillée d'une robe pailletée, Cendrillon revient vers la maison de sa maman, en sublime compagnie, dans une Rolls conduite par un chauffeur de maître.

D'autres soirs, l'ambiance est plus simple mais tout aussi magique. Dans l'effervescence du Festival de Cannes ou lors d'autres galas, les dîners se multiplient et se terminent très tard. Parfois, pour fuir ces soirées officielles, acteurs, chanteurs et autres professionnels du métier organisent des échappées belles.

Vu ma qualité de speakerine, je peux les approcher et avoir accès à cette part d'intimité. Je ne suis pas une groupie, donc ils se laissent aller devant moi... Après le travail que représente chaque concert, chaque représentation, ces artistes éprouvent le besoin de décompresser. On se retrouve en petit groupe autour d'une table à Cagnes-sur-Mer, dans un restaurant fréquenté par des gens du cru. On partage une bouillabaisse ou le poisson grillé du jour avec Jacques Brel et quelques-uns de ses copains.

Brel est en tournée. C'est Marouani qui s'occupe de lui. L'homme du plat pays participe peu. Il semble taciturne, il a l'air de s'ennuyer mais soudain il éclate de rire pour un truc que lui seul comprend. Cette solitude, malgré les autres et parmi eux, me touche. C'est la solitude du poète.

Les soirées s'éternisent jusqu'à l'aube. On décide alors de prendre le bateau pour déguster un petit déjeuner à Porquerolles... Pieds nus, comme des gamins, musiciens et compagnie se hissent à bord des barques de pêcheurs. Les uns tombent la veste, les autres relèvent leur robe du soir. Allez, matelot ! En route vers le soleil levant, la vie est savoureuse.

Que ce soit à Monte-Carlo, à Cannes, à Saint-Tropez ou à Nice, on goûte partout à la belle insouciance de ces années-là. D'un coup de voiture, on va chez l'un ou chez l'autre. C'est une époque bénie. Pas seulement parce qu'elle correspond à ma jeunesse mais parce qu'elle répond à un désir général de création et d'inventivité. Et toujours cette soif de vivre, de briser les tabous et de faire la fête. Il y a de quoi s'en donner à cœur joie...

La flotte américaine a jeté l'ancre à Villefranche-sur-Mer. Dans le Vieux-Port, à proximité des magasins de brocante à la mode, on fréquente des restaurants en vogue tels que Chez Bidou et La Mère Germaine, et l'on danse le tamouré. On croise les soldats américains et leurs officiers, installés là avec leur famille. Les *MP* – la police militaire – patrouillent en Jeep décapotable dans les rues de la ville et font irruption dans les bars où règne une ambiance débridée pour voir si leurs troupes sont en bon état.

Après ma journée de travail à Monte-Carlo, je m'arrête souvent chez Bidou pour prendre un verre avant de rentrer au bercail et de raconter les derniers potins à mes amis. Parfois Yves, le fils Duchâteau, le propriétaire du Provençal et du Versailles, deux des hôtels les plus célèbres de la rade, vient nous rejoindre pour partager une récréation bien méritée.

Par ailleurs, je continue de voir Moretti et ses copains. Et ce sont des soirées inoubliables à la table de Marcel et Liliane... Toutes les personnalités qui comptent dans le cinéma, de Richard Burton, Liz Taylor, Cary Grant à Alain Delon, viennent goûter leur savoureuse cuisine à connotations provençales. Plus tard on rejoint la vieille ville, les boîtes de Gitans où l'on se désaltère avec des sangrias et où l'on se livre à des sarabandes endiablées. On tape même du talon sur les tables...

En suivant Moretti, je me retrouve parfois dans des endroits où l'on s'encanaille vraiment. Quand l'ambiance se corse, mes aînés me disent d'aller me coucher. Je proteste.

– Oh non !

– Toi, tu rentres ! Si jamais je rencontre ta maman, je n'ai pas envie qu'elle vienne me dire deux mots.

Sans plus discuter, sagement, j'obéis. La vigilance de mes chaperons m'évite d'assister à certaines extravagances qui nécessiteraient le carré blanc à la télé...

Un soir, des années plus tard, en sortant du Pré-Catelan – le restaurant de Gaston Lenôtre au bois de Boulogne – en compagnie de quatre journalistes de TF1, je croise trois hommes à la mine patibulaire. L'un d'eux me dit : « Bonsoir Denise. »

Je le dévisage puis je le reconnais : c'est un des Niçois avec lesquels je trinquais parfois quand j'étais jeune fille. Il n'a pas changé. Je me précipite et l'embrasse. On discute comme si l'on s'était quittés la veille.

Quand cet homme s'éclipse, mes collègues s'étonnent et me bombardent de questions... D'après eux, mon vieil ami aurait un nom connu des fichiers de police. Il paraîtrait même que c'est un des grands truands de l'Hexagone...

– Tu connais du beau monde ! remarquent mes camarades.

J'éclate de rire. J'essaie d'expliquer à mes copains qu'à Nice, au temps de ma jeunesse, l'amitié ne connaissait pas de frontières...

– IV –

LA RTF, LA TÉLÉ DE PAPA

Deux teintures de cheveux en un jour, et un ratage à succès national

Cela fait maintenant près de trois ans que je présente les programmes de Télé Monte-Carlo. Enfin, je commence à obtenir un certain succès, pas seulement dans le public mais aussi dans la sphère des décideurs.

Un soir, un de mes supérieurs, un homme marié connu pour sa vie de patachon, m'invite à prendre un verre. Méfiante, j'avance le premier prétexte venu pour refuser. Le séducteur se fait plus entreprenant, et plus explicite : « Donnant, donnant... » Si je m'allonge, il me protégera. Avec une incroyable naïveté, je réponds :

– Mais je ne suis pas menacée !

Comme je persiste à ne pas comprendre, il me lance d'un ton cinglant :

– Si c'est ainsi... Vous ne ferez pas long feu à l'antenne !

Aujourd'hui plus personne n'oserait infliger pareil affront à une femme sans être immédiatement accusé de harcèlement sexuel, mais à l'époque ce n'était pas le cas. Donc je n'en parle à personne. J'ai honte et peur : vais-je vraiment me faire éjecter pour ne pas avoir voulu céder aux caprices de cet homme ? Je commence à regarder ailleurs et réfléchis aux autres possibilités que pourrait m'offrir ce métier.

Un jour, j'entends parler d'une offre d'emploi qui me tente. Selon un ami, Julien Galéoti – un ancien journaliste, devenu cameraman, rencontré au précédent Festival de Cannes –, la RTF (la Radiodiffusion et télévision de France) chercherait à étoffer son pool de speakerines en vue du lancement de sa deuxième chaîne.

Aussitôt je me mets sur les rangs. Naturellement, avant d'entreprendre quoi que ce soit, j'en parle à maman. Quelle n'est pas ma surprise quand celle-ci m'encourage...

Le concours se déroule sur plusieurs mois. Sans tarder, je m'y inscris et prends tous les contacts nécessaires. Si tout se passe bien, j'entrerai en fonction dans mon nouveau poste juste pour mon vingt et unième anniversaire.

Dans un premier temps, je prends une semaine de vacances. Sans rien dire à quiconque, je me rends à la capitale pour passer les premiers tests dans les studios de la rue Cognacq-Jay, le saint des saints.

C'est vraiment intimidant. On sent la grosse usine. Les provinciaux ne comptent pas pour les Parisiens. Et ces derniers nous le font bien comprendre. Que ce soit pour les techniciens ou les directeurs, Monte-Carlo n'est guère valorisant. Pourtant, c'est la grande époque de TMC : « la télévision de la Côte d'Azur », une télévision qui marche du tonnerre ! Quand ils viennent en vacances dans nos contrées, ces snobinards la regardent et se rendent avec plaisir aux galas que cette chaîne organise... Mais là, dans leur fief parisien, ils ne manifestent que mépris. Pourtant, à l'époque, il n'y avait pas trente-six télévisions. Et Télé Monte-Carlo, ce n'était pas rien ! Avec mon innocence, je m'attendais à un autre accueil...

Ce jour-là, nous sommes une trentaine de postulantes. Lors de cette épreuve éliminatoire, on dit un texte que l'on a appris, on présente un invité en anglais, on improvise un mot d'excuse pour annoncer une panne impromptue et l'on marche devant les caméras, de façon à montrer comment on bouge...

Je suis seule à Paris, j'ai dormi dans un petit hôtel, je dois supporter le dépaysement et le regard acéré des autres concurrentes. Sans personne pour m'encourager moralement, je me dis que je n'ai aucune chance, que je ne réussirai pas l'examen. Du coup, j'exécute les épreuves très à l'aise !

À chaque exercice, un superviseur nous accompagne et commente notre technique. « On vous a remis un texte, je vous écoute... Vous gardez le sourire pour donner ce texte... Alors il paraît que vous travaillez sur une chaîne de télévision ? Vous dites avoir un peu de métier ? Montrez-moi ça ! »

C'est terrible. Depuis le matin, ces gens voient défiler des dizaines de filles qu'ils filment, dix secondes chacune, afin de les juger ensuite sur « rushs » en comité de direction. Ils garderont celles qui leur paraîtront les mieux. À l'image, ça passe ou ça ne passe pas. La caméra ne fait pas de cadeaux.

Contre toute attente, je réussis à franchir la première sélection.

De retour à Monte-Carlo, je m'applique à ne pas faire de publicité autour de cette prestation. Désirant poursuivre ma carrière à TMC sans que mes tentatives parisiennes me portent préjudice, je joue la sobriété. Néanmoins la nouvelle s'évente. Il faut composer, accepter la rançon de la gloire et subir le désappointement de l'équipe monégasque.

Se profilent les secondes éliminatoires, couronnées par l'ultime audition qui décidera de mon sort et pour laquelle je dois de nouveau séjourner à Paris. Outre de nombreux essais, je subis maints entretiens. L'ambiance est toujours aussi chaleureuse... Le patron des speakerines, qui me reçoit dans son bureau, ne mâche pas ses mots :

– Vous avez tout ce qu'il faut pour ne pas faire partie du pool. Vous maîtrisez déjà un peu le métier mais, nous, ça ne nous intéresse pas. Les filles, on veut les former...

Ne me voyant pas réagir, il enfonce le clou :

– Il s'agit de prendre la suite des « grandes » de la profession, les célèbres speakerines, les Catherine Langeais, Jacqueline Huet, Jacqueline Caurat. Vous mesurez l'enjeu ? En plus vous êtes brune. Chez nous, en raison du noir et blanc, tout notre staff est composé de blondes, on ne veut que des blondes.

Sans lui faire remarquer que je postule pour la deuxième chaîne promise à la couleur, j'essaie de pactiser.

– Qu'à cela ne tienne, dis-je avec l'énergie de la noyée qui s'accroche à une bouée, si vous souhaitez que je sois blonde, je le serai.

– Oui, acquiesce-t-il, si vous voulez avoir toutes les chances de votre côté, je préférerais.

Il me donne un nouveau rendez-vous pour la fin de l'après-midi. Entre-temps je cours chez un coiffeur qui exécute mes ordres en renâclant. Il trouve que c'est une erreur.

Et c'est plus qu'une erreur, c'est une catastrophe ! En blonde, je ressemble à un ersatz de poireau oxygéné. Mais, bon, on ne pourra pas dire que je n'ai pas tout tenté. Toute contente de ma hardiesse, je descends l'avenue George-V, traverse le pont de l'Alma et reviens à Cognacq-Jay.

Lorsque je pénètre dans le bureau du décideur, celui-ci ne me reconnaît même pas. Pourtant, après quelques minutes, son verdict tombe comme un couperet :

– Finalement, je vous préfère en brune.

– Pas de problème !

Et me voilà repartie à traverser le pont de l'Alma en sens inverse après avoir téléphoné à mon coiffeur en le suppliant de me rendre ma teinte naturelle dans la soirée...

Le matin suivant, devenue châtain clair, souffrant de démangeaisons épouvantables après ces décolorations et colorations successives, je passe mon test comme si de rien n'était. Quelle que soit la peine ou la douleur, dans ce métier, on se doit de sourire. Et je m'y applique. Cela fonctionne.

Bientôt ne restent plus en lice que douze candidates parmi lesquelles je figure. Quatre seulement seront retenues. Arrivée à ce stade, il devient impossible de ne pas faire de plans sur la comète. Quand même ! On se rapproche du but. Vais-je vraiment prendre la relève des pionnières ?

Mon imagination me transporte aux premières heures de la télévision française, une histoire que j'ai lue maintes fois et qui me fascine. Ça a commencé il y a plus de trente ans, avec René Barthélemy, un savant français passionné de radioélectricité...

Alors ministre des PTT, Georges Mandel donne six mois à l'ingénieur pour créer une télévision. Pourtant, il faudra attendre trois ans pour parvenir à un résultat probant.

Le 18 novembre 1935, dans un studio installé au fond d'un entresol du ministère des PTT, au 97 de la rue de Grenelle, à Paris, Barthélemy organise la première démonstration publique. Au programme, des variétés et un documentaire sur Cuba. C'est Suzy Wincker, une actrice, qui présente et prononce, pour inaugurer l'antenne, six mots devenus par la suite légendaires : « Nous avons fait un beau voyage... »

Le voyage sera long. Avant-guerre, drôle de guerre,

guerre, Occupation, Libération... Et petit à petit, les rares récepteurs s'allument.

Le 29 juin 1949, sous l'impulsion de Pierre Sabbagh – un journaliste radio correspondant de guerre – et de son acolyte Michel Wakhevitch, un cameraman, on assiste au premier journal télévisé.

Sabbagh et Wakhevitch poursuivent leurs efforts. Tournant sans cesse à équipe réduite, ils développent eux-mêmes les pellicules et montent les films à la main sans disposer d'aucune synchronisation. Ça y est ! La télévision française prend son envol.

Le 2 juin 1953, pour célébrer le couronnement d'Elisabeth II, naît l'idée de l'Eurovision grâce à l'initiative de la télévision française : la cérémonie devient le *« biggest show in the world »* !

En 1950, on comptait 3 794 téléviseurs dans les foyers de l'Hexagone. Sept ans plus tard, on en dénombre 683 000. Cette augmentation est due à l'amélioration des programmes proposés.

Sont apparues sur le petit écran des figures bientôt familières : les speakerines, qui présentent les émissions, éclairant de leur charme le passage de l'une à l'autre. Jacqueline Joubert, suivie des « trois reines », Catherine Langeais, Jacqueline Caurat et Jacqueline Huet, et de l'espiègle Anne-Marie Peysson...

Et je serais sur le point de les rejoindre ? D'entrer dans l'histoire de la lucarne magique ? Je n'en dors plus... La sélection finale doit avoir lieu le 21 décembre 1963. Le mois s'égrène avec lenteur. Chaque jour me paraît une éternité.

*
**

Enfin la soirée tant redoutée arrive. L'angoisse, le suspense sont à leur comble. Des douze finalistes, la *vox populi* ne va en garder que quatre. Toutes trépignent...

Le jury s'installe dans un studio de la Maison de la Radio. Le public, lui, doit voter en direct, par téléphone. Nous, les douze en lice, sommes à Cognacq-Jay sous l'œil dévorant des caméras.

Le grand spectacle commence. Je n'entends qu'un brouhaha. « Choisissez-les, votez pour elles », répète la voix de stentor d'un journaliste. Nous sommes toutes tremblantes d'effroi. Chacune doit dire une annonce. À tour de rôle, on se décolle de la voisine, on se dirige vers le micro et l'on prononce son bout de phrase, le programme heure par heure. La première candidate annonce celui de midi, suivent celui de 13 heures, de 14 heures... Mon tour approche. La fille qui me précède, et qui présente la tranche de 15 heures, se trompe, s'emmêle dans les mots et s'enfuit en laissant tout en plan. L'horreur me saisit.

Mais la chance n'a pas encore dit son dernier mot. Me voyant pétrifiée de peur, le cameraman chargé de donner le top s'avance vers moi et me souffle : « Et merde ! » Sans chercher à me contenir, comme chaque fois que la nervosité me ronge, j'éclate de rire. Arrivée au micro, un sourire éclatant aux lèvres, je balance ma phrase, et hop...

Je suis probablement choisie pour ça. Avec Denise Fabre, rire et sourire garantis ! J'ignore encore que cela va devenir ma marque de fabrique...

Quoi qu'il en soit, je compte parmi les quatre élues. Je suis aux anges... et morte de peur. Car, maintenant, il va falloir se lancer. Mon supérieur m'informe que c'est moi qui vais faire la première annonce sur la deuxième chaîne.

– Vous verrez, poursuit-il, c'est facile. Vous ferez cette première annonce à côté de Catherine Langeais, avant le journal de 20 heures.

Immédiatement ma gorge se noue. Des millions de téléspectateurs regardent ce sacro-saint journal ! Je demande à mon patron d'avoir mon texte au moins quarante-huit heures à l'avance pour l'apprendre par cœur. Il ne s'engage pas à me le fournir mais me rassure :

– Ne vous inquiétez pas, ce n'est pas compliqué. Vous donnez juste rendez-vous pour le lendemain, vous ferez ça avec Catherine, elle va vous aider, il n'y aura pas de problème.

Le jour en question, quand j'arrive, Catherine est déjà avec le patron dans le bureau. On me dit : « Ils sont en train de parler, vous ne pouvez pas entrer. D'ailleurs, autant que vous le sachiez tout de suite, Denise : lorsque Catherine Langeais converse avec quelqu'un, il vaut mieux attendre qu'elle ait fini. »

J'attends donc. Le temps s'écoule à la lenteur d'un sablier. J'attends encore. Enfin la porte s'ouvre.

Catherine Langeais passe sans me voir. Ça commence bien. Mais quelle prestance ! On dirait une impératrice...

Le patron me prend à part et me communique ses dernières instructions :

– Vous allez apprendre votre texte. Un peu avant la prise de vues vous le montrerez à Catherine, elle vous aidera.

– Certainement pas ! dis-je, vexée que la grande Catherine ne m'ait pas accordé un regard. Je n'ai aucun besoin de le lui montrer. Je connais mon métier.

On m'accompagne alors jusqu'au studio-cabine des speakerines. Mme Langeais s'entretient avec Mme Huet pour des histoires de planning. De nouveau, on me recommande de patienter. J'attends dans le couloir un très long moment. Jacqueline Huet sort sans me saluer. Ce doit être une habitude maison. Dans un autre genre, elle aussi est superbe. Un corps parfait, un visage de poupée. Une merveille, cette Kim Novak de la télé...

Bientôt, on me pousse dans la petite pièce. On me dit de me mettre dans un coin. Occupée à se recoiffer, Catherine ne fait pas attention à moi. Intérieurement, je me liquéfie. À mes yeux, Mme Langeais incarne la grande dame de la télévision française, la femme de Pierre Sabbagh, l'exemple que les Françaises et les Français adulent. Mais cette indifférence... Quelle déconvenue !

Enfin elle lâche sa brosse et se rapproche de moi. Elle veut me prendre mon papier mais je proteste. Elle insiste, je persiste dans mon refus. Si je le lui montre, si elle le lit, j'en suis sûre, je vais perdre mes moyens.

À ce moment-là, le rouge s'allume. On nous donne le top. Déjà Catherine parle : « Mesdames, Messieurs, dans quelques instants, vous allez assister au journal de 20 heures, mais auparavant j'aimerais vous présenter une toute jeune débutante... »

Une toute jeune débutante ! Ma famille et mes collègues de Monte-Carlo regardent, je vais avoir l'air malin ! Une toute jeune débutante !

Sans rien laisser transparaître de ma rage, j'amorce mon plus beau sourire. Catherine se tourne alors vers moi et me lance, sous forme de question, un appel pour m'inviter à parler.

Zut ! je n'ai pas prévu qu'elle me poserait des questions. Aussi bête que ça, le trac m'envahit et m'assèche la bouche. En une seconde j'oublie tout. Comme je ne lui ai pas montré mon papier, Catherine ne peut pas intervenir et je me mets à bafouiller à propos du canal à choisir pour passer de la première à la deuxième chaîne, je m'embrouille dans les explications et, cette fois, je n'ai pas du tout envie de rire !

Catherine regarde alors la caméra. Je m'en souviendrai toute ma vie... Et pour la seconde fois, elle dit : « Il faut l'excuser, c'est une toute jeune débutante. »

C'est trop fort pour moi, je ne peux pas laisser passer ça. Et là, je trouve la force de répondre :

– Madame, je vous admire tellement... Présenter pour la première fois à vos côtés est extrêmement impressionnant, je ne trouve même plus mes mots...

Elle se retourne vers moi et réplique sèchement :

– Ma petite, nous ne sommes pas là pour nous faire

des compliments ! Mesdames, messieurs, voici le journal de 20 heures.

Terminé.

Le journal démarre. Je sors de la cabine et retourne à l'hôtel. C'est râpé, fini. Je commence à faire ma valise... J'ai bousillé ma chance !

À 1 heure du matin, Philippe Ragueneau, le directeur des programmes de la Télévision française, me téléphone. Je suis toujours en train de pleurer. Entre deux sanglots, je lui dis :

– Vous rendez-vous compte ? Quelle honte, devant la France entière ! C'était un désastre, cette annonce.

Mais mon directeur m'interrompt :

– Ne vous en faites pas : le standard a sauté ! Tous les gens se sont manifestés en votre faveur. Le public a appelé pour vous soutenir en disant : « Pauvre gamine, on la comprend. La première fois à côté de Catherine, ça doit être très intimidant, il faut absolument l'aider. »

Le lendemain, ravigotée par ce soutien massif, je me présente donc dans les locaux de la Deux, juste à l'étage en dessous de ceux de la première chaîne, pour répéter, travailler et donner ainsi raison à mes supporters.

Trente minutes avant que je prenne la parole, débarque Mme Langeais. Réalisant combien elle m'a intimidée la veille, elle souhaite me dire un mot d'encouragement. Mais Philippe Ragueneau s'interpose :

– Ce n'est pas la peine, dit-il. Vous allez encore la terroriser...

Quelques minutes plus tard, la porte du studio s'ouvre sur... ô stupeur ! une ancienne du Bon-Pasteur... Comment est-elle arrivée jusque-là ? J'apprendrai plus tard qu'elle s'est présentée comme l'une de mes amies et qu'on l'a laissée passer. Il n'y avait pas à l'époque le barrage de sécurité que l'on connaît aujourd'hui. Mais quand même, je suis sidérée de la voir.

– Denise, me dit-elle, on est toutes fières de toi ! Montre-leur de quoi on est capables ! On compte sur toi !

Rien que ça, ça me galvanise ! Quand je prends l'antenne, j'ai des ailes. Tout se passe très bien. Sans problèmes. Et par la suite, il en sera toujours ainsi. Hormis un brin d'accent, je ne fais pas tache, comme on dirait aujourd'hui.

Question accent, pourtant, j'en ai un petit. À mon arrivée à Paris, je bute sur certains mots. Je dis « déj'ner ». On me reprend : « Non, dé-jeu-ner ! » Et moi je répète comme si je n'avais rien entendu. Malgré de nombreux essais, chaque fois que je passe à l'écran pour parler entre autres d'un déjeuner sur l'herbe, hop ! je lance « déj'ner » ! Immédiatement après, je reçois un coup de fil du chef de la présentation des programmes. Idem pour le handball que je prononce : *« hand bol »* ! Mais l'air de Paris va vite me retirer ma pointe de soleil... et me donner mille satisfactions.

En effet, même si je garde une certaine nostalgie de mes premières années à TMC, je découvre qu'à Paris aussi, malgré la grisaille, on peut faire de superbes rencontres...

*
**

Pendant longtemps Georges Caisson, qui m'a appris mon métier en me vantant la qualité professionnelle des Parisiennes, mes aînées, m'a répété qu'il fallait dix ans pour devenir une bonne speakerine. Maintenant que je suis engagée par l'équipe de Cognacq-Jay et installée dans le saint des saints, j'ai l'impression d'avoir accompli la moitié du chemin. La moitié, pas plus. C'est déjà bien mais il reste beaucoup à faire.

Pour commencer, sur la deuxième chaîne, on ne travaille que le week-end. Comme on est quatre, on découpe les journées pour avoir chacune sa part. On fait donc trois heures pour avoir une pige, et encore ! Uniquement en fin de semaine.

En 1965, comme l'audience marche bien, notre directeur de chaîne nous propose d'élargir notre emploi du temps sur quatre jours par semaine et nous signe un contrat, nous liant ainsi à l'ORTF. On abandonne les piges, on devient des employées du service public.

À mes moments perdus, je traverse le pont de l'Alma que j'aime tant et je vais prendre des cafés chez Francis, une brasserie sympa. Cet établissement ne possède pas encore sa terrasse fleurie, ni la réputation dont il jouit aujourd'hui. C'est moins branché, plus simple, avec des prix abordables. De ma table je vois passer les stars du petit écran, Jacqueline Huet en tête. Quand cette splendeur arrive, les hommes s'arrêtent de parler, la regardent, et se retournent sur son passage...

C'est l'époque qui veut de pareils engouements. Car les popularités sont d'autant plus fortes que la majorité des foyers ne possède encore qu'une seule chaîne... Dès qu'une tête connue du petit écran débarque, tous les yeux sont braqués sur elle.

Un jour, dans l'ascenseur de Cognacq-Jay, je rencontre un géant en manteau d'astrakan. Quand il enlève sa toque de fourrure, je le reconnais. C'est Zitrone, le roi du Tiercé et des cérémonies officielles ! Il me dévisage sans vergogne et me dit :

– Mais qui êtes-vous ?

Vexée qu'il ne le sache pas – je travaille quand même dans la maison depuis six mois –, je rétorque :

– Et vous ?

Sans répondre, il soulève les petites lunettes noires qui cachent mes yeux verts et ajoute :

– Mais on se connaît !

– Oui, monsieur, je suis sur la deuxième chaîne.

– Mais bien sûr ! Tu es la petite dernière...

Dès lors il devient charmant. Enfin, cela dépend des jours. Parfois il me voit, parfois il ne me voit pas... Il arrive toujours avec un essaim de collaborateurs autour de lui. Sa petite mallette et ses dossiers à la main, il parle, il discute avec ses assistants. Sa voix porte énormément. Si l'on n'a rien à dire d'intelligent à ses yeux, inutile de prendre la parole. Il a une telle façon de vous toiser qu'il vaut mieux se tenir à carreau !

Quels qu'ils soient, de toute façon, tous ces personnages m'intimident... En même temps, sans en avoir pleinement conscience, je participe à une aventure où tout est permis. Les cadres, les règles ne sont pas encore fixés. Tout reste à faire, à inventer. Cela donne à chacun une liberté fantastique. Il ne s'agit pas de faire de l'esbroufe mais d'apporter du plaisir, du divertissement au public.

*
**

La Une comme la Deux sont des chaînes nationales et, loin de se faire concurrence, elles s'entraident. La première chaîne fait de la pub pour la seconde et en présente les programmes. Or il se trouve que, en 1971, des années après mes débuts, Pierre Sabbagh a quitté la Une pour succéder à Philippe Ragueneau sur la Deux. Roland Dhordain a pris le contrôle de la première. Et Catherine Langeais, toujours sur la première, se met à mieux présenter les programmes de la seconde, où règne son époux, que ceux de sa propre chaîne ! Un méli-mélo pas possible ! Un jour, Jean Drucker, frère de Michel (aussi débutant que moi à cette époque) et conseiller technique de Dhordain, vient me trouver.

– Denise, me dit-il, Roland n'en peut plus. Il a parlé à Pierre Sabbagh, il l'a imploré de reprendre sa femme avec lui. Finalement, on s'est tous mis d'accord. Comme ça, au moins, les choses seront claires ! En contrepartie, vous allez venir avec nous sur la première.

Dhordain et Drucker m'ont donc choisie. Je monte en première chaîne... Sans savoir que je vais rester près de trente ans sur la Une, je me familiarise avec la maison...

*
**

De 1964 à la privatisation de TF1 en 1987, j'ai vu défiler une vingtaine de directeurs nommés par le gouvernement. Énarques, nantis de hautes distinctions, ils passent là un an, ils commencent à aimer cette chaîne puis la machine d'État – le gouvernement ou le ministère de l'Intérieur – les nomme ailleurs... Au départ, ils ne connaissent rien à la télévision et la télévision ne les reconnaît pas. Mais à peine ont-ils le temps de s'y accoutumer qu'il leur faut partir.

L'huissier de service qui faisait le planton a empêché un jour M. Contamine de franchir les portes de Cognacq-Jay.

– Désolé, monsieur, je ne vous laisserai pas passer, je ne vous connais pas.

Et Contamine de protester :

– Mais je suis votre patron !

Fait indiscutable, le vrai pouvoir appartient à ceux qu'on voit à l'antenne. Qu'on soit directeur ou planton, sans la médiatisation, point de salut : c'est là un constat impitoyable !

Pour ma part, appartenant désormais au pool de la Une, je m'efforcerai au fil des ans de me hisser au-dessus des critiques, de devenir en quelque sorte inattaquable afin de paraître aussi vernissée que les anciennes de la chaîne. Comme Catherine Langeais, le grand exemple.

Mais je ne suis pas née dans ce moule-là. Me montrer impassible et rester stoïque, ça m'est difficile. Pourtant, à la télévision française, la femme-tronc speakerine ne rit pas, elle joue les icônes, les Marianne, les Mona Lisa.

Moi, en riant à maintes reprises, j'ai manqué à mon devoir. Je n'ai jamais été aussi bien que mon modèle mais le public m'a aimée autrement. Et j'ai pu rester fidèle à ma nature...

Mais revenons à 1964, mon entrée à la télévision française, côté vie privée...

– V –

MES PARRAINS CORSES

Pierre Pasquini, Jean Bonfanti, Achille Peretti : « Touchez pas à la petite ! »

1964 ! L'année du lancement de la deuxième chaîne. L'année aussi des premiers bombardements américains au Vietnam, du prix Nobel de la paix décerné à Martin Luther King et de la condamnation à perpétuité de Nelson Mandela en Afrique du Sud. Les Beatles et les Rolling Stones chantent pour la première fois en France. Au cinéma, on peut voir le *Journal d'une femme de chambre*, de Luis Buñuel, avec Jeanne Moreau, ou *Week-end à Zuydcoote* d'Henri Verneuil avec Jean-Paul Belmondo. Aux vingt-neuvièmes Jeux olympiques d'hiver, à Innsbruck, les sœurs Goitschel remportent respectivement les épreuves du slalom spécial et géant. Cassius Clay devient champion du monde des poids lourds et Christine Caron obtient une médaille d'argent en natation à Tokyo.

1964 ! À la télévision, Éliane Victor, une collaboratrice de « Cinq colonnes à la une », réalise sa première émission – « Les Femmes aussi » –, constituée d'une série de sujets courts à mi-chemin du documentaire et de la fiction et liés à la condition féminine. Corrosif et impertinent, Jean-Christophe Averty crée le scandale avec « Les Raisins verts ». Jean Yanne et Jacques Martin soulèvent la polémique et instaurent la dérision dans leur émission comique « Un égale trois ». Conçue par Pierre Bellemare et Jacques Rouland, « La Caméra invisible » introduit sur le petit écran le concept de la télévision vérité. Les JO de Tokyo sont retransmis en Mondovision. La RTF devient l'ORTF, l'Office de radiodiffusion-télévision française...

1964 ! L'année de mon installation définitive à Paris, de mes adieux à Nice et à ma mère. Maman ne peut plus se permettre de s'interposer dans mes projets, mais elle décide toutefois de baliser sérieusement le terrain de mon émancipation. Dans cette optique elle se rend chez Pierre Pasquini, l'ami de la famille, l'avocat dont j'ai déjà parlé, et ce afin de lui demander de me surveiller à mon insu. Elle ne m'avouera jamais qu'elle l'a fait mais je l'ai deviné...

Avec un charme fou et une voix extraordinaire, Pierre respire la séduction, sait manier comme nul autre les joutes oratoires et incarne à la perfection le rôle de conseil. Ces atouts lui serviront d'ailleurs, quelques années plus tard, à se faire élire député des Alpes-Maritimes, puis député de Haute-Corse, puis maire de L'Île-Rousse, avant de devenir ministre. Tout cela à partir d'un petit village de l'île de Beauté. Il fallait le faire !

De surcroît Pierre est un amour d'homme, le meilleur de tous ! Du moins, c'est ce que j'ai toujours pensé. Il faut dire qu'à l'époque, comme beaucoup de jeunes femmes, je suis un peu amoureuse de cet être généreux et intègre. Aujourd'hui encore, j'éprouve pour lui une gratitude infinie...

Pour répondre à la demande de ma mère, Pierre, très occupé par ailleurs à accomplir de grandes choses, me confie à son meilleur ami, Jean Bonfanti, un être exceptionnel, businessman avisé, P-DG de nombreuses sociétés, divorcé et père de deux filles de mon âge, et gaulliste dans l'âme.

Dans le même temps, au cours d'un déjeuner, Pierre me présente aussi à Achille, Achille Peretti, le maire de Neuilly, connu sous le nom d'Ajax dans la Résistance, dont les activités se partagent entre la Corse et l'Hémicycle.

À peine débarquée dans la capitale, me voici donc flanquée d'une véritable armada de parrains, corses de surcroît, comme je ne vais pas tarder à l'apprendre... Finalement, je me retrouve avec trois pères ! C'est à celui qui me couvera le plus.

Le temps de voir ma situation professionnelle se stabiliser, j'habite chez Jean Bonfanti. Tous les matins, Jean exige un récit détaillé de mes activités. Inlassablement, je lui explique ce que j'ai fait la veille au soir et je lui demande des conseils. Je l'adore ! Nous nous entendons à merveille.

Avec une régularité infaillible, Pierre et Achille, quant à eux, me téléphonent pour savoir où je sors et avec qui, en ponctuant leurs enquêtes de : « Tu ne te rends pas compte de la chance que tu as de nous avoir ! »

Avec Achille Peretti cependant, les relations sont plus conventionnelles qu'avec mes deux autres parrains. Marié avec une femme qui ne quitte jamais la Corse et père de deux filles, cet ami précieux poursuit à Paris la voie qu'il s'est choisie, sans jamais en dévier.

On a beaucoup dit, beaucoup écrit à propos d'Achille Peretti. Mais que ce soit avec lui ou d'autres de mes proches, j'ai toujours voulu ignorer ces commentaires. Pour moi, seules comptent les qualités profondes des êtres humains et les relations d'amitié – exceptionnelles – que l'on m'offre.

Certains soirs, Achille m'emmène retrouver Tino Rossi dans les petits restaurants corses où des orchestres jouent la sérénade. Tout le monde chante, Tino en premier lieu. Ce sont vraiment des moments extraordinaires.

Parmi toutes les recommandations qu'il me dispense, Achille m'en répète souvent une :

– Denise, quand tu seras amoureuse, n'apporte jamais plus d'une paire de mules chez ton homme.

– Pourquoi ?

– À partir du moment où tu lui donnes déjà tout, pourquoi veux-tu qu'un homme t'épouse ?

Je retiendrai la leçon. Il est vrai que si un homme a l'impression que vous êtes déjà installée chez lui, il lui semble n'avoir plus rien à conquérir. À quoi bon vous proposer le mariage ?

En tout cas, dès qu'un prétendant désire me faire la cour, mes trois protecteurs accourent pour auditionner

De mon premier 7 d'Or en mars 1975 à Rio (ici au côté d'Alain Delon)…

… à celui de novembre 2001, mon discours est resté le même : j'ai deux familles, et vous êtes l'une d'elles. C'est avec vous, téléspectateurs d'hier et lecteurs d'aujourd'hui, que je souhaite partager les moments forts d'une vie aux éclats.

Mes parents escortent mes premiers pas sous le soleil de Nice.
C'était avant que papa ne me lâche symboliquement la main pour aller convoler ailleurs…

Maman… L'histoire de toute une vie, avec ses hauts, avec ses bas… comme souvent lorsqu'il s'agit d'un grand amour.

Au pensionnat Blanche-de-Castille, uniforme et couettes étaient de rigueur…

Quatre jeunes Niçoises descendent l'avenue de la Victoire (je suis la troisième à partir de la gauche). Ces filles-là, disait-on, allaient mal tourner !

Guide sur la Côte d'Azur. Je me plais à faire découvrir aux étrangers les trésors de notre Riviera.

Les *sixties* battaient leur plein…
J'avais 20 ans. Éprise de liberté,
je devins nurse chez Walt Disney
puis mannequin…

Mes débuts à Télé Monte-Carlo…

« Visitez la Hollande ! » La réclame, ancêtre de la pub, ne s'encombre pas de mes origines niçoises…

Nice-Matin, 3 août 1962 : un jury composé de journalistes et d'artistes, dont Johnny Hallyday, me décerne le titre des « plus beaux yeux de la Côte d'Azur ». Ma récompense ? Un baiser. Mon discours ? Un sourire.

L'ORTF, la « télé de papa ».

Mythique : l'entrée
de Cognacq-Jay.

Profession : speakerines !
Autour de Catherine Langeais,
en bas, Sylvette Cabrisseau (à gauche),
Évelyne Dhéliat (à droite), et en haut,
de gauche à droite, Michèle Demai,
Jacqueline Caurat, Renée Legrand,
Jacqueline Huet, et moi !

Le trac avant l'antenne :
il ne m'a jamais quittée…

De François Mitterrand à Jacques Chirac.
Sur Europe 1, je convie des hommes politiques et les fais parler de tout… sauf de leurs activités officielles !

À l'occasion de ses 70 ans, je reçois Tino Rossi, mon ami de toujours.

Henri Salvador : « Vous voulez vous assurer du succès d'une pièce comique dès la première ? Invitez-nous, Denise et moi : l'ambiance est garantie ! »

À la radio, mon surnom s'impose de lui-même : c'est « Denise-la-décontractée » !

Éclats de rire…

Clin d'œil à José Garcimore. Nos fous rires sont entrés dans les annales !

Thierry Le Luron, pour le meilleur et pour le rire.

Sur TF1, nous formons, Pierre Douglas, José Garcimore et moi, la joyeuse équipe de « Restez donc avec nous le samedi ».

Filage du concours Eurovision de la chanson au côté du grand Léon Zitrone. L'heure est au dilemme : gilet pare-balles ou pas gilet pare-balles ?

Co-présentatrice du « Carnaval des carnavals », je bois les paroles de Jean-Claude Brialy.

Les étapes importantes de ma vie privée, immanquablement relayées par la presse.

Le 18 septembre 1965, à la mairie de Neuilly-sur-Seine, dans un ensemble blanc signé Nina Ricci, je dis « oui » au réalisateur Jean-Paul Carrère.

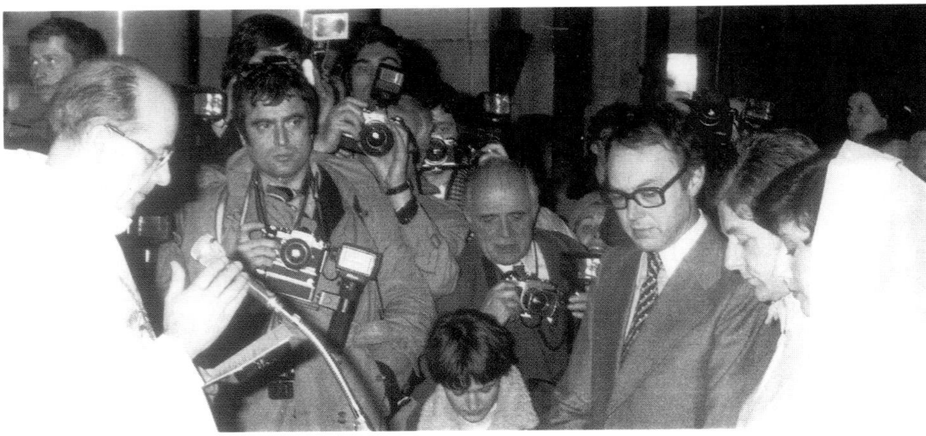

14 avril 1978. Église Saint-Ferdinand des Ternes. Francis et moi avions souhaité un mariage discret !

Ce jour-là, elles m'entouraient de leur amour : maman et Nicole, ma meilleure amie. De nous trois, les plus fortes, c'étaient elles.

1980 : le 14 avril, mon cœur redouble d'amour pour accueillir Élodie et Olivia, mes deux trésors.

Pierre Pasquini,
le premier à avoir cru
en moi.

Jean Bonfanti,
la générosité
faite homme.

Mon irrésistible cousin Francis,
ici avec son fils Pierre, devenu
ma référence.

Achille Peretti,
un de mes « parrains »
corses.

Le patchwork de l'amitié...

Avec mes deux filles,
Michel Drucker,
le parrain de l'une
d'elles, et Dany Saval.

Son Altesse le prince
Albert, une rencontre
inoubliable.

Grace de Monaco,
l'âme d'une princesse...

Raymond Marcillac :
ce grand homme de
télévision était aussi
mon maître.

le malheureux. C'est tout juste s'ils ne consultent pas les fichiers des RG...

– Comment s'appelle-t-il, déjà ? me demandent-ils, mine de rien.

Et ils prennent leurs renseignements. Même à Nice, avec ma famille, je ne profitais pas d'une telle protection rapprochée !

Autour de moi, tout le monde s'amuse, s'éclate dans les boîtes à la mode, Castel et compagnie, mais mes protecteurs me rebattent les oreilles avec la même rengaine : « Travaille, mérite ta chance... Il ne faut pas qu'on te voie dans ces endroits-là, tu ne rencontreras que des gens qui te feront des propositions malhonnêtes. Travaille ! »

Condition *sine qua non* à ma cohabitation avec Jean Bonfanti : je dois veiller à ne jamais le déranger quand il reçoit dans le petit salon rouge de l'appartement où il m'héberge. En effet, pour ce célibataire impénitent qui ne compte plus ses conquêtes féminines, la discrétion s'impose. Selon lui, ses petites amies ne comprendraient pas notre cohabitation et pourraient se méprendre sur la nature de nos relations. Je ne dois pas me montrer.

Seulement un soir, alléchée par les senteurs d'un buffet livré à domicile, et pensant que Jean n'est pas encore rentré, je pénètre dans l'antre de Barbe-Bleue... Horreur ! Jean est bien là, et une sulfureuse blonde se trémousse dans ses bras ! À ma vue elle se lève d'un bond, se réajuste en poussant de petits cris effarouchés, alors que, inconsciente des dégâts que je viens de provoquer, je me sers un toast de saumon et déguste une coupe de champagne.

Jean a perdu la dame, qui n'a jamais pu croire que j'étais seulement une « filleule » à protéger. Il n'a pas pardonné : dès le lendemain il m'a signifié que je devais m'en aller. Grand seigneur néanmoins, il m'a proposé de me prêter de l'argent pour que je loue un studio dans le XVe arrondissement et s'est porté caution.

Quelques mois plus tard, quand, à force d'économiser, je vais rendre la somme empruntée, Jean Bonfanti me dit :

– C'est bien, Denise ! Tu vois, je n'en ai pas besoin, mais je le prends pour que tu apprennes la valeur de l'argent. Avec ce pactole, je te prépare une surprise.

Et c'est ainsi qu'avec les mille cinq cents francs de ma dette, Jean, toujours grand seigneur, m'offre mon premier dîner chez Maxim's et la fameuse « petite robe noire » de l'époque, indispensable pour fréquenter ce haut lieu des nuits parisiennes.

De temps en temps Jean, qui possède aussi des chevaux, m'emmène aux courses, au prix de Diane à Chantilly, à celui de l'Arc de triomphe à Longchamp. Lors de ces mondanités chapeautées, il me présente à certains de ses amis. Automatiquement, dans le lot, il y en a toujours un ou deux pour me trouver mignonne.

Le lendemain, je me retrouve avec des brassées de roses... Jean gronde alors :

– Renvoie ça immédiatement ! Tu ne te rends pas compte ? Il est marié. Il est hors de question que tu acceptes ce bouquet !

Quelques invitations à partir en week-end ou à la chasse plus tard, un autre prétendant se présente. J'entends :

– Comment s'appelle-t-il, déjà ? Ah, c'est un de mes amis, je vais lui passer un coup de fil ! Je connais très bien sa femme, d'ailleurs.

Et c'est reparti. Je suis très, très protégée. On ne se rend pas compte à quel point. Sans relâche, ils veillent sur moi comme seuls des Méditerranéens savent le faire. Me prenant pour leur fille, ils me démontrent sans cesse leur sens de la famille. C'est terrible.

Un soir, un commissaire de police me raccompagne. Jean l'apprend... et me sert son sempiternel refrain :

– Comment s'appelle-t-il ?

Je donne le nom de mon prétendant et, toute fière de pouvoir lui annoncer sa profession, j'ajoute :

– Il est dans la police... Avec lui, je ne risque rien.

Erreur ! Grossière erreur ! Avec une mauvaise foi incroyable, Jean argumente encore :

– Comment, tu ne risques rien ? Mais ils sont pires que les autres, les policiers ! Tu vas le laisser tomber tout de suite. D'ailleurs, je vais l'appeler...

Et ainsi de suite... Chaque fois qu'un homme veut me fréquenter, on l'éconduit. Si par malheur je parle de quelqu'un qui me plaît à mes chaperons, curieusement je n'ai plus aucune nouvelle de cet amoureux. J'ignore ce que Jean, Achille ou Pierre lui disent, les mots qu'ils emploient, mais c'est efficace. Grâce à eux trois, ma vertu est sauve.

Mais je commence à en avoir assez...

– VI –

PROFESSION : SPEAKERINE

Catherine Langeais, Jacqueline Caurat, Jacqueline Huet, Anne-Marie Peysson...

Notre fonction de speakerines nous arrime rue Cognacq-Jay, dans le studio-cabine qui jouxte la grande baie vitrée de la régie finale où officient les techniciens et un chef de chaîne. Le temps de notre service, nous restons « à disposition » en cas de panne technique ou de scoop.

À force de travailler ensemble, on se connaît bien, on forme une petite famille. Tout le monde attend le fameux carrefour de 20 h 30. Dès que je termine mon annonce, que le film de la soirée commence, nous hurlons : « À table ! » J'adore préparer des petites bouffes pour les techniciens. On s'installe en régie. Quelquefois le film casse, une panne survient, on me prévient : « Attention, Denise, en piste ! » Deux minutes suffisent pour le raccord [de maquillage] et après le sempiternel « Tu es prête ? » on me « balance » à l'antenne. Une petite annonce et hop ! je retourne dîner.

Même pour les annonces habituelles, il n'y a pas de pré-enregistrement. Les choses changeront un peu quand les programmes se prolongeront. On renoncera au direct pour la dernière annonce, celle de 2 ou 3 heures du matin, celle qui « fermera » l'antenne en souhaitant une bonne nuit aux téléspectateurs. Celle-là, on la « mettra en boîte », les speakerines ne pouvant rester aussi tard.

Mais avant ce prolongement d'horaires, nous ouvrons l'antenne et la fermons. Au tout début des années soixante, quand il n'existait encore que très peu d'émissions, on ouvrait à midi. Avec le développement des programmes, on commence plus tôt. 9 heures, puis 6 heures du matin. On se relaie, bien sûr, mais on a quand même de sacrées journées.

À mes débuts sur la Une, je vois peu les pionnières de l'annonce télévisée. Quand on se parle, c'est juste pour négocier : on s'échange les plages des créneaux horaires, on essaie de s'organiser. Seule contrainte : faire en sorte qu'il y ait toujours l'une d'entre nous dans le studio-cabine, prête à intervenir au cas où.

Parfois je travaille de 8 heures du matin à minuit. Ces horaires égalent deux jours d'affilée de présence et me permettent de récupérer pendant presque une semaine. Enfermée dans le studio-cabine de Cognacq, je monte la garde. Pas question de s'absenter ! C'est tout juste si je peux aller prendre un plateau à la cantine du sixième étage.

Quand on est de permanence, on téléphone aux amis à l'extérieur, on reçoit la visite des copines et copains, on bouquine, on regarde la télévision mais, quelles que soient les distractions, on surveille toujours l'antenne du coin de l'œil et il est difficile de se concentrer sur un autre sujet.

En dehors de la télévision, pour moi, les propositions affluent. Ça bouge dans tous les sens. On me sollicite énormément. Comme mon métier est ma passion, j'accepte nombre d'engagements pour présenter des galas ou participer à des émissions. Dans ces cas-là, il faut se débrouiller pour se faire remplacer par une autre speakerine.

Une fois mon travail terminé, il m'arrive d'aller musarder dans les couloirs de la Deux. Je croise Pierre Sabbagh, le mari de Catherine, toujours très affairé. Lorsque sa femme est de service en cabine-speakerine, il la rejoint pour passer des soirées entières avec elle. C'est un couple très uni... et très redouté ! Quand une des speakerines cafouille, que ce soit sur la Une ou la Deux, Catherine Langeais l'appelle, lui demande ce qui se passe. Avec Sabbagh dans les parages, on a toutes intérêt à faire très attention. On se répète souvent : « Si je fais une bêtise, ces deux-là vont me virer... »

Pourtant, à mes débuts dans la maison, malgré le mauvais souvenir de ma première annonce et son air de majesté assez rigide, Catherine se montre presque maternelle avec moi. Elle me donne ses bonnes adresses, m'envoie chez le coiffeur où l'on a des prix, chez le couturier ou le bijoutier qui nous prête l'indispensable. Cette sacrée bonne femme, toujours coiffée et habillée impeccablement, sans jamais un faux pli, veille sur le contingent. Elle souffre d'une maladie terrible, la sclérose en plaques, mais elle ne se plaint pas et ne se départ jamais de sa dignité.

Quant à Jacqueline Huet, que ce soit au travail, dans la rue ou dans des manifestations publiques, elle déploie un pouvoir de séduction énorme. Beaucoup de journalistes sportifs réputés pour être des cavaleurs hors pair rampent à ses pieds.

Jacqueline Caurat, l'experte en timbres qui anime des émissions de philatélie, a elle aussi beaucoup d'allure. Pour toutes les questions d'ordre administratif, nous nous adressons à elle, notre chef d'équipe en titre. Lorsqu'il faut aller discuter avec la direction, elle seule sait nous défendre et obtenir ce que nous désirons. Et notre cœur bat pour Anne-Marie Peysson et son cascadeur de mari. Anne-Marie qui signe bientôt un contrat avec RTL et quitte l'antenne...

Pour le reste, notamment les histoires d'horaires, nous devons nous débrouiller entre nous. Chacune a sa vie. Les femmes mariées, mères de famille, ont des exigences bien légitimes. Quant aux célibataires, c'est à celle qui saura le mieux rouler l'autre...

En ce domaine, notre belle Jacqueline Huet ne manque pas d'ingéniosité pour se libérer quand elle a autre chose à faire. Et comme benjamine du cheptel, vu ma situation familiale, j'hérite de ses obligations ! Me voilà à suppléer cette collègue désireuse de faire l'école buissonnière. Cela ne se déroule pas sans heurts... Pourtant, il y a des règles ! La plus importante consiste à ne se faire remplacer que pour des raisons professionnelles, des galas par exemple. Dans ce cas-là, on cherche l'arrangement qui permettra à chacune de tenir ses engagements. Mais Jacqueline triche ! Elle raconte des bobards pour partir en week-end. On la croit aux 24 heures du Mans, à une fête de bienfaisance pour soutenir les orphelins de la Croix-Rouge et on la surprend en couverture de magazine dans les bras d'Untel.

– Jacqueline, vous rendez-vous compte ? Qu'est-ce que c'est que ces photos ?

– Mais je travaillais, je présentais un gala...

– Jacqueline ! Vous nous prenez pour des imbéciles ?

Quand on pense à cette fille si courtisée, on imagine mal la fin de sa vie. Pourtant, dès le déclin des speakerines, à partir du moment où Jacqueline Huet n'est plus apparue sur le petit écran que de façon épisodique, pour présenter une fois par semaine « Le Monde de l'accordéon », les gens se sont détournés d'elle.

Devenue hôtesse de l'Orée du Bois, à la porte Maillot, elle devait sans doute faire jouer son carnet d'adresses... Mais, en fait, elle vivait désespérément seule. Et le jour où sa maman a disparu, elle a abandonné... Quelques mois plus tard, elle se donnait la mort. À son enterrement, il n'y avait que nous, les speakerines. C'est à ce moment-là que j'ai compris. Dans ce métier, beaucoup passent leur temps à se montrer, à se faire valoir, mais pour tendre la main, c'est autre chose... Cela me bouleverse. On n'est jamais assez attentif aux autres.

*
**

Un jour, Achille Peretti, un de mes trois parrains de cœur et maire de Neuilly de surcroît, se trouve chargé d'organiser le Noël des enfants du personnel de l'Assemblée nationale dont il est le président. Il pense à moi pour l'épauler et présenter les festivités.

Merveilleux souvenir ! Dans un salon décoré de lambris et de dorures, sous un immense sapin, des gosses fous de joie s'amusent et piaffent d'impatience en réclamant le spectacle.

Pour les satisfaire, je rejoins vite l'estrade et annonce la première attraction, un numéro d'acrobatie au sol. Comme à mon habitude, je pars ensuite en coulisses soutenir les artistes.

Alors que tout le monde s'active, j'aperçois un peu à l'écart, à l'extrémité de la table de maquillage collective, une femme clown en pleurs. Je m'approche et tente de la faire parler. Ses sanglots redoublent, son maquillage dégouline sous les larmes. Entre deux hoquets, je découvre une histoire d'amour qui a mal tourné.

– Reprenez-vous, lui dis-je. Pensez aux enfants, au bonheur que vous allez leur procurer...

À ces mots, comme par enchantement, la femme se redresse, se remaquille, monte les trois marches qui la séparent du podium et arrive en scène transfigurée. Personne ne voit rien. Elle est fabuleuse. Au fil de ses pitreries, elle déclenche l'hilarité de la salle. Mais à peine a-t-elle fini son numéro qu'elle regagne sa loge et s'effondre à nouveau.

Son exemple demeure la leçon de ma vie. Une belle leçon ! Quoi qu'il arrive, on continue. C'est magnifique.

Patrick Sébastien, à l'annonce de la mort de son fils, est lui aussi monté sur scène. « Cela m'a empêché de devenir fou », me confiera-t-il plus tard. Pour ma part, j'admire ce genre de comportement. Je ne sais pas si je pourrais en faire autant...

– VII –

« TÉLÉ-DIMANCHE »

Raymond Marcillac, Claude François, Mike Brant, Johnny, Jean-Jacques et Mai 68...

Tandis que Catherine Langeais présente une émission de cuisine avec Raymond Oliver et que Jacqueline Caurat poursuit ses balades philatéliques, on me propose d'évoluer moi aussi et de m'intéresser aux divertissements.

Il s'agit de rejoindre « Télé-Dimanche », l'émission de Raymond Marcillac, connu depuis 1961 pour être l'un des présentateurs du journal télévisé et un spécialiste des sports. Curieusement je succède à Noëlle Noblecourt, une ex-collègue de TMC que la direction de la chaîne a écartée parce qu'elle a osé montrer ses genoux à l'écran !

Avec son allure effilée, son profil acéré, ses dents irrégulières, son air sérieux et concentré, Marcillac en impose. Pendant de longues années, on verra son nom associé à « Cinq colonnes à la une », aux « Coulisses de l'exploit » et à toutes les émissions traitant de l'actualité ou du sport. Même s'il ne rigole pas souvent, je sens qu'avec lui je vais acquérir du métier.

Comme son nom l'indique, « Télé-Dimanche » occupe l'écran le dimanche, l'après-midi, pour traiter de l'actualité sportive et distraire le public en recevant des artistes et en organisant des jeux. Sur « Télé-Dimanche », le sport prime. Dès qu'il y a un résultat intéressant, on arrête tout. Les vedettes passent en bouche-trou. Et pourtant, chacune d'entre elles rêve de participer à cette émission.

On découvre aussi de nouvelles têtes. Cela permet aux jeunes de montrer ce qu'ils savent faire le temps d'un numéro ou d'une chanson. Des talents émergent... Mon amitié pour Thierry Le Luron date de cette époque. Celle pour Mireille Mathieu aussi.

Marié à une femme ravissante mais extrêmement pris par son métier, Marcillac habite quasiment la rue Cognacq-Jay. Autour de lui rôde la bande « à Marci », ses indéfectibles copains, des sportifs comme lui.

La première fois que j'interviens sur le plateau de « Télé-Dimanche », intimidée par Marcillac qui fronce les sourcils, je m'emmêle les pinceaux, comme d'habitude. Pour compenser ma trouille et mes gaffes, je pouffe de rire, comme d'habitude aussi, sauf que cela énerve le patron au plus haut point.

À la fin de l'émission, Marci explose :

– Que vous ayez envie de rire, c'est très bien, mais vous rirez chez vous. Pour « Télé-Dimanche », j'ai besoin d'avoir quelqu'un qui assure. Je vous aime beaucoup, Denise, mais ce n'est pas possible de travailler ensemble.

La semaine suivante, étonnés par mon absence, les téléspectateurs téléphonent. Encore une fois, ils me sauvent. Marcillac prétend que je suis malade...

Le lundi il me rappelle et m'invite à le rejoindre définitivement. Et désormais, c'est lui qui fait tout pour déclencher mon hilarité. Ma bonne humeur plaît aux gens, c'est incroyable ! En ce temps-là, on ne rit pas à la télé. On considère ce genre de débordement comme une faute professionnelle. Mais apparemment je suis déjà à contre-courant, pour le plus grand plaisir de tous...

Complètement acceptée à présent, je reçois nombre de personnalités plus prestigieuses les unes que les autres. Parmi elles un chanteur que j'aime bien et qui me courtise de façon assez insistante : Mike Brant. Sa popularité est alors à son zénith. Dès qu'il apparaît, les filles se déchaînent. Quand il répète ses chansons d'amour et qu'il se tourne vers les coulisses, à l'endroit où je me trouve, j'ai beau me raisonner, j'ai l'impression qu'il ne pense qu'à moi... le temps d'un refrain.

Mais bien que j'aie dîné une ou deux fois avec le beau Mike au hasard des tournées, je n'ai jamais dérogé à la ligne de conduite que je m'étais fixée. D'instinct, je me suis protégée. Si je m'étais laissé prendre un instant à ce jeu, je me serais perdue. D'autres s'y sont brûlées.

Mike lui-même n'échappera pas au revers de la gloire. Il mettra fin à ses jours, et ce drame me vaccinera définitivement contre les sirènes de la célébrité.

Lorsqu'on est jeune, on ignore les dangers du succès. Avec la maturité, quand on observe certains artistes, on voit le moment où ils commencent à brûler la chandelle par les deux bouts. Ils changent, maigrissent ou grossissent, leur œil perd en vivacité, en pureté. C'est le métier qui les bouffe. Et tout le reste également, ce qui entoure leur profession, les challenges permanents, la peur de vieillir, les drogues prises pour tenir le coup, les désillusions, la solitude...

Pour ma part, je reçois aussi leurs confidences. On n'a plus les mêmes rapports avec les vedettes à partir du moment où l'on passe des après-midi à répéter. Je me souviens des moments où j'ai côtoyé Claude François. On a fait plein d'émissions ensemble avec ses Clodettes. Très perfectionniste, il travaillait inlassablement pendant des jours entiers pour obtenir une synchronisation parfaite. Venant d'Égypte, il partageait avec moi l'amour de la Méditerranée, que nous évoquions souvent, sous le faux soleil des projecteurs. Avec lui comme avec les autres, une sorte d'intimité finit par s'installer... Lors des répétitions, les artistes viennent me parler, me raconter leurs déboires sentimentaux. Je sais avec qui ils vivent ou comment leur dernière romance vient de se terminer... Au moment du direct, personne ne voit rien, ni le chagrin d'amour enfoui au fond de leur cœur, ni la folle joie d'une nouvelle rencontre. Tout au long de ma carrière, j'ai suivi maintes histoires que je ne peux pas dévoiler car elles ne m'appartiennent pas, mais elles n'en existent pas moins et j'en ai été le témoin.

*
**

Un jour, Johnny Stark me contacte pour que j'accompagne Johnny Hallyday en tournée d'été.

Depuis « Miss plus beaux yeux », je l'ai revu quelques fois. Lors de son premier Olympia à Paris, je suis même intervenue tous les soirs. Enfin... j'ai tenté d'intervenir ! Il fallait présenter le programme en prononçant deux malheureuses petites phrases. Je n'ai jamais pu placer un mot. Le public était tellement déchaîné qu'on ne s'entendait pas parler ! Le chahut était à son paroxysme. Les mômes cassaient tout. Un délire complet...

Et pendant la tournée que j'accompagne maintenant, l'ambiance n'est pas plus calme. Que ce soit dans les salles, sur scène ou en coulisses, les émeutes se succèdent. C'est l'idole des jeunes.

Aux étapes, Johnny, Jean-Jacques Debout et leurs musiciens s'amusent à me taquiner. À la fin du spectacle, quand Johnny revient à l'hôtel, le même rite se produit tous les jours. Il me prend la main et me lance des regards enamourés :

– Allez viens, ce soir on dîne ensemble.

Invariablement, je réponds :

– Non, non, il faut que je rentre...

Johnny alors reprend :

– Allez ! Je sais bien que tu me préfères Jean-Jacques...

Faux jeton, jouant son jeu, Jean-Jacques proteste :

– Non, je t'assure, Johnny, pas du tout...

Puis ils éclatent de rire et partent se changer pour le dîner. On se retrouve une heure plus tard autour d'une table. Qu'importe s'ils logent dans des hôtels magnifiques où une certaine tenue s'impose, ils font partout le même tapage. Ils s'amusent comme des fous, réveillent la maisonnée, entraînent d'autres convives, bientôt éméchés, dans leur sarabande. C'est Johnny et Jean-Jacques, surtout Johnny : personne n'ose rien lui dire.

Si par malheur j'arrive en retard au restaurant, l'équipe m'accueille par un : « Hip hip hip hourra pour Denise ! » Et à la fin du repas (toujours bien arrosé), les joyeux fêtards remettent ça en gloussant :

– Où est ta chambre, Denise ?

Je m'éclipse en catimini. Par précaution, sachant qu'à un moment de la nuit ils deviennent incontrôlables, je m'empresse de mettre des chaises devant la porte de peur qu'ils ne l'enfoncent. Je sais bien qu'ils ne me feront aucun mal, mais je n'ai pas envie de les voir envahir mon espace.

Souvent, Johnny envoie Jean-Jacques en délégation pour me convaincre.

– Ouvre-moi ! implore celui-ci. Denise, c'est juste pour te donner la feuille de route pour demain, l'horaire de la répète a changé, il faut qu'on t'explique.

Mais je ne réponds jamais et ça les amuse follement. De vrais gamins...

Un jour, en Alsace, la direction de l'hôtel a installé par erreur les bagages de Jean-Jacques dans un des placards de ma chambre et celui-ci vient de nouveau frapper à ma porte. Un dialogue de sourds s'ensuit.

– Je te jure, Denise, je viens chercher mes bagages !
– Il n'y a aucun bagage ici !
– Denise, je ne plaisante pas, ouvre cette porte !
Il a fallu l'intervention du directeur de l'établissement pour que j'accepte de lui ouvrir et qu'il récupère ses valises. Tel est pris qui croyait prendre...

À cette époque, Jean-Jacques sort déjà avec Chantal Goya. C'est quelqu'un d'extrêmement généreux, qui aime rire, chanter et s'amuser et oublier le temps. Il est capable de dire à la femme qu'il aime « J'arrive ce soir à 10 heures » et de ne débarquer que le surlendemain matin !

On s'est retrouvés en Corse des années plus tard. Chantal et Jean-Jacques m'ont proposé de garder mes filles un après-midi car je travaillais. Le soir, quand je suis revenue, Jean-Jacques leur avait composé une chanson, paroles et musique, qui m'était destinée. C'est ça aussi, Jean-Jacques Debout.

*
**

Au retour de cette tournée, je réintègre les studios et « Télé-Dimanche », où règne un autre climat de folie. Certains jours du Seigneur, je me retrouve sur le plateau du studio 102, à la Maison de la Radio, avec des invités pour le moins inattendus, à commencer par des éléphants. Parfois je joue les Frégoli et endosse successivement un costume 1900, celui de Néfertiti et dix autres accoutrements. Je passe des heures entières à chercher avec les costumières des plumes et toutes sortes d'accessoires, je m'amuse énormément. Cela se voit. Le public en profite et participe, sous l'œil parfois étonné de Raymond Marcillac, uniquement intéressé par les sports.

Sans complexe, je me lance à ce moment-là dans un jeu, « Télé-Trappe », animé par Gérard Sire, au cours duquel les candidats qui ne trouvent pas la réponse à la question qu'on leur pose tombent... dans une trappe. Un jour, en début d'émission, alors que les devinettes s'enchaînent, le technicien se trompe et c'est moi qui tombe dans la trappe, sans aucun moyen de remonter sur le plateau alors que je présente le jeu ! La salle n'en peut plus de rire : je reste fidèle à ma réputation.

Une autre semaine, à « Télé-Dimanche », la régie nous prévient d'une alerte à la bombe. Tandis que les assistants se démènent pour que les vedettes et le public évacuent la salle, mes supérieurs me demandent de rester afin d'assurer l'antenne. Malgré mes protestations véhémentes, je dois obéir et présenter les séries américaines qui se substituent au programme prévu.

Et me voilà abandonnée ! Les troupes et les techniciens sont partis, et moi j'interviens chaque demi-heure, tremblante de panique, pour annoncer Starsky et Hutch et autres héros de légende !

Au fur et à mesure que se prolonge l'après-midi, l'angoisse s'amplifie. J'essaie de négocier afin que l'on enregistre les interventions suivantes, mais j'essuie un refus. On reste à deux, un en coulisses, à la technique, et moi au micro, devant la caméra. Mes apparitions sont de plus en plus brèves. À la dernière, ne parvenant plus à me dominer, j'ânonne : « Je vous souhaite une bonne fin d'après-midi, une bonne soirée, au revoir, à bientôt ! » Et sans demander l'avis de personne, je quitte le plateau et m'enfuis.

Évidemment, ça n'a pas sauté. Mais je n'ose imaginer ce qui se serait passé si la menace avait été mise à exécution...

Parallèlement à mes « exploits » télévisuels, je deviens chroniqueuse à *France-Soir*, le *France-Soir* de Lazareff, de la grande époque, qui publie quatre ou cinq éditions par jour et tire à plus d'un million d'exemplaires. Willy Guiboud, le redouté rédacteur en chef des pages Spectacle, me demande des papiers sur les vedettes de « Télé-Dimanche ».

– Il me faut des scoops, me dit-il. On va faire des photos, vous allez voir, ça va être très bien.

Dès lors, tous les dimanches soir, après avoir interviewé mes invités dans leur loge, je rejoins la rédaction du grand quotidien basé rue Réaumur où je croise entre autres Philippe Bouvard, toujours aussi en verve.

Le temps que j'écrive mon papier, Willy m'enferme dans un bureau à double tour afin d'éviter que certains journalistes ou photographes ne viennent me distraire avant l'heure du bouclage... Mes articles paraissent chaque lundi en dernière de couverture pendant trois ans. Le succès est là. Et il fleure bon...

*
**

Soudain, dans l'euphorie débridée de ces années soixante, survient le beau mois de mai 1968 qui va bouleverser le cours de l'Histoire. La politique, je n'en ai jamais fait de ma vie, ni à cette époque, ni après. On me l'a assez fait remarquer. J'ai peut-être tort, mais je fonctionne plutôt à la proximité humaine qu'aux grandes promesses qu'on ne tiendra pas. Ce non-engagement colle d'ailleurs parfaitement avec mon côté « trop lisse ». Mais on ne peut pas se refaire...

Dans les couloirs, les journalistes, le personnel, les syndicalistes discutent sec. Ensuite, sans qu'on sache vraiment ce qui arrive, les contestataires envahissent les locaux et les saccagent. On ne reconnaît plus rien. Cognacq-Jay est occupé. C'est l'anarchie, le désordre...

En tant qu'employées d'un organisme d'État, les speakerines sont réquisitionnées. On doit assurer un service minimum à l'antenne. Nous rejoignons l'équipe de permanence qui émet dans un bunker installé sous la tour Eiffel. La police nous « accompagne ». Faute d'émissions, on projette des films. On nous explique que le malaise n'est que parisien... Il ne faut pas affoler la France.

Malgré la crise, chaque présentatrice arrive à l'écran avec un grand sourire :

– Maintenant, nous allons passer la soirée avec Fernand Raynaud...

Dès la fin de l'annonce, les forces de l'ordre nous reconduisent à notre domicile sous les huées, les quolibets et les menaces de mort... qui me poursuivent jusque chez moi.

Des mécontents me téléphonent, en effet. Selon eux, il faudrait dire non à notre direction, faire la grève comme les autres afin que la France tombe dans le chaos. Quelle histoire ! Cela dure des jours et des jours. On se croirait en pleine guerre civile.

Ensuite le général de Gaulle s'éclipse en Allemagne. La tension monte, s'intensifie. Sous bonne escorte, nous continuons de nous rendre dans le bunker, bravant chaque fois une ambiance cataclysmique...

Les étudiants manifestent au Quartier latin et lancent des pavés. Les ouvriers de chez Renault luttent contre le patronat dans l'île Seguin. La plupart des journalistes de télévision soutiennent ce mouvement de masse.

Alors que le pays plonge dans la pagaille, Marcillac m'appelle à son secours. Ne voulant pas céder aux pressions, il me demande de présenter sous sa houlette un « Télé-Dimanche » avec en vedette Joséphine Baker, qui souhaite affirmer son amour pour la France.

Mes proches m'avertissent du danger : cette fois-ci, je ne pourrai pas prétendre être réquisitionnée, je me serai portée volontaire... Défiant leur avis et la peur de ne plus avoir de travail par la suite, je rallie le plateau.

Il est vrai que j'adore Joséphine. En 1968 sa carrière est déjà derrière elle mais, quand je la vois arriver dans les loges, je songe à celle qu'elle fut à dix-huit ans, la Fifine de Broadway, l'égérie de la *Revue nègre* en 1925, qui fit de longues années durant les beaux jours du Casino de Paris et des Folies-Bergère, costumes de Poiret, affiches de Colin et louanges de Cocteau à l'appui.

Vedette de deux films, *La Créole* et *La Sirène des Tropiques*, elle a connu la célébrité avec *J'ai deux amours*, une chanson composée par Vincent Scotto.

Auxiliaire dans les Forces françaises libres, décorée de la Légion d'honneur et de la médaille militaire, cette gaulliste convaincue a aussi fait de sa vie un hymne à la paix en adoptant une kyrielle d'enfants – Akio le Coréen, Louis le Colombien, Jarri le Finnois, Jean-Claude, Marianne et Noël, les Français, Brahim l'Arabe, Mosès l'Israélien, Jannot le Japonais, Mara l'Indien du Venezuela et Cokoffi l'Africain. Elle les a tous installés aux Milandes, son château du Périgord.

En ce dimanche de mai 1968, Joséphine chante donc au milieu d'un parterre de fleurs tricolores...

Comme pour lui donner raison, le général de Gaulle rentre le lendemain. Dès lors, la situation se renverse. Les grèves perdurent puis s'essoufflent peu à peu. On connaît la suite.

Pour la petite histoire, notons que dès 1969, en raison de grosses difficultés financières, en dépit même du soutien de Brigitte Bardot, la famille de Joséphine Baker va se faire expulser de son château. Sauvée de justesse par Grace de Monaco, elle s'installera ensuite dans une jolie villa de la Principauté. En 1975, aidée par Jean-Claude Brialy qui se démènera pour trouver les fonds nécessaires, Joséphine remontera une dernière fois sur scène, à Bobino, dans une comédie musicale réalisée par André Levasseur, manitou officiel des fêtes monégasques, avant d'accomplir une ultime tournée internationale dont le rayonnement n'aura rien à envier à celui des spectacles de Copacabana ou de Palm Springs.

Joséphine ou la ferveur faite femme...

*
**

Le 2 février 1969, « Télé-Dimanche » souffle ses dix bougies. C'est l'une des doyennes des émissions de télévision. Mais plus pour très longtemps.

– VIII –

PREMIER AMOUR

Une rencontre aux Buttes-Chaumont...

L'appareil télévisuel fonctionne maintenant depuis un bon bout de temps. À chaque pas franchi par la technique, nous avons l'impression de vivre une révolution, le *nec plus ultra.* Nous ignorons encore que cette technique se perfectionnera de façon fulgurante, et que les découvertes en la matière seront illimitées. L'ORTF toute jeune, débordante d'idées, n'en finit pas d'étonner, et son public, et ceux qui participent à l'aventure.

Dès le début des années soixante, Albert Raisner a parié sur la jeunesse avec « Âge tendre et tête de bois », une émission innovante qui a introduit jazz et rock à la télé. Pierre Tchernia, né en 1928 comme Mickey, a présenté « L'Ami public numéro un », un hommage mensuel à Walt Disney et à son monde merveilleux, projection de dessins animés à l'appui. « La caméra explore le temps » et les dramatiques tournées par Marcel Bluwal, Stellio Lorenzi et Claude Barma donnent au petit écran sa dimension culturelle.

Pour ma part, je me fonds dans l'agitation générale. Je collabore à nombre de projets... Je remplis la tranche de 6-8 heures sur France Inter, la radio qui monte. Cela signifie que je me lève vers 5 heures du matin et que j'arrive tôt dans le superbe temple rond que l'on nomme Maison de la Radio.

En quête de piges diverses, de galas, je galère afin de compléter les émoluments de l'ORTF, payer mon loyer, les frais de la voiture et vivre. Vivre, c'est-à-dire découvrir d'autres horizons, d'autres façons de travailler, d'autres personnalités. Je ne sais pas encore que vivre, c'est aimer. Un coup de foudre va bientôt me le faire découvrir...

Pour les besoins de tournages divers, je me rends souvent aux studios des Buttes-Chaumont. J'adore m'y promener au hasard des plateaux pour rencontrer des figurants et des têtes plus connues telles que les Carpentier ou Jean-Christophe Averty, qui y filment tous leurs *shows*. J'assiste souvent à leurs répétitions.

Tout ce qui se tourne alors aux Buttes, qu'il s'agisse des divertissements ou des grandes dramatiques, se passe en direct, sans prompteur. De temps en temps une perche se retrouve dans le champ mais on fait avec. C'est vraiment formidable d'assister au trac des comédiens, aux imprévus, de voir un étourdi entrer sans y être invité alors que la lumière rouge, à l'extérieur du studio, aurait dû l'alerter. C'est du direct, quoi ! On ne peut pas recommencer. Il faut y aller ! Pas question d'oublier son texte ! Tout le monde tremble. En même temps, on a tous l'impression de créer l'événement. C'est magique !

Quand on pénètre dans les studios des Buttes, une forte odeur de bois vous enivre, montant des ateliers de menuiserie qui jouxtent d'autres ateliers, de décors, de costumes... On se croirait dans un village, un repaire clos, une caverne d'Ali Baba. On traverse des allées immenses sur des centaines de mètres. Chacun sort de son atelier, s'arrête pour discuter avec l'un, avec l'autre, admirer les décors exécutés sur place.

Les Buttes-Chaumont ! Les rues pavées, les petits bistrots. Notre « réfectoire », où nous nous retrouvons tous autour d'une table. De là je vois entrer les grands seigneurs, les réalisateurs, complètement concentrés sur leur histoire, escortés de leurs assistants et de la scripte qui n'arrête pas de noter les indications de mise en scène sans prendre le temps de manger...

Un jour, je me trouve là-bas pour présenter une émission de variétés, « Quoi de neuf ? », conçue par Catherine Anglade et qui va être filmée par Jean-Paul Carrère, un homme de la trempe des Barma, Bluwal et Lorenzi, la fameuse école des Buttes-Chaumont, à qui l'on doit notamment la réalisation de la série du « Théâtre de la jeunesse », l'adaptation télévisuelle des *Parents terribles*, la pièce de Jean Cocteau, et le feuilleton *Le Trompette de la Berezina.*

L'équipe est là, au complet, sauf le réalisateur. Nous avions rendez-vous à 14 heures, et je dois être à Cognacq-Jay à 16 heures. Et le temps passe... Je suis excédée, bien décidée à recevoir ce malotru comme un chien dans un jeu de quilles.

Il arrive et sourit : je suis fichue. Il dit « désolé, vraiment, il y a de tels embouteillages, je sais que vous êtes pressée »... et c'est moi qui m'excuse ! « C'est... parce que je suis d'antenne... » dis-je platement. On règle deux-trois points de détail dont je me moque comme de ma dernière amourette : je n'ai plus de voix, plus de jambes, rien que des yeux, et pour lui !

Je file à Cognacq-Jay avec dans la tête sa silhouette, son regard bleu, ses cheveux châtain clair et son blouson d'aviateur. Puis je me raisonne. Je n'ai pas eu l'impression de lui avoir fait un effet renversant mais qu'importe : le tournage commence bientôt, j'ai tout le temps de me faire remarquer.

Et le tournage commence. Et pas la moindre petite lueur d'intérêt de sa part. Une semaine de courtoisie offensante ! Poli, souriant, parfait, Jean-Paul ! Rien à dire, sinon qu'à l'évidence je ne lui dis rien. Bon sang de bois, je reçois pourtant des tonnes de roses de mes autres prétendants éconduits par mes parrains corses, je suis plutôt jolie, je vois bien que je plais !

Il est vrai qu'un plateau de tournage n'est pas le lieu idéal pour une entreprise de séduction. Il faudrait susciter une rencontre plus intime, où je puisse jouer de mes yeux verts revolver. Mais comment ?

L'amour rend inventif : j'ai trouvé ! Je l'appelle au téléphone et lui dis que je voudrais lui demander conseil. J'en ai assez d'être speakerine, je souhaite devenir comédienne...

Il a l'air un peu surpris mais répond aussitôt :

– Si je peux vous être utile... Passez me voir aux Buttes-Chaumont. Nous pourrons déjeuner ensemble et parler de vos projets...

Youpi ! J'ai gagné ! Le jour du rendez-vous, je mets ma plus belle robe, « habillée », comme il se doit, pour un lieu élégant digne d'un grand metteur en scène.

Et patatras ! Quand j'arrive, il m'emmène à la cantine, flanqué de sa scripte et de son assistante ! J'ai l'air malin, avec ma robe de cocktail... En plus, il ne comprend pas ma décision, les deux autres filles non plus : j'ai tout de même un bel avenir à la télévision...

Le déjeuner s'achève dans un ultime balbutiement :

– Si vous le permettez, je vous reparlerai de mes démarches (il m'a en effet conseillé d'aller m'inscrire au centre dramatique de la rue Blanche).

Il permet...

Huit jours plus tard, je le rappelle. Il me repropose de déjeuner. Je m'habille sobre... et je me prépare à un repas de quatre personnes.

Eh bien non, il est seul et, par chance, la cantine est fermée ! Il m'emmène dans un bistrot du coin, où tout le monde se retrouve. Chacun se salue à la ronde, moi j'ai tellement la trouille que j'engloutis mon repas comme si je n'avais pas mangé depuis des lustres. Résultat : au dessert, je m'évanouis. Jean-Paul m'oblige à boire un cognac qui m'achève et a la courtoisie (toujours cette exaspérante courtoisie !) de me raccompagner en voiture...

Et c'est au milieu du trajet, affalée sur mon siège, les yeux clos, que j'entends une voix aux intonations qui ne trompent pas me murmurer avec douceur :

– J'espère que nous aurons l'occasion de partager d'autres repas...

Pour un peu, je retomberais dans les pommes !

*
**

Nous aurons d'autres déjeuners, en effet, et des dîners où petit à petit il se livre. Il me parle de son travail, de son désir de monter une pièce d'Harold Pinter. Moi je bois ses paroles. Par sa maturité, ses presque vingt ans de plus que moi, Jean-Paul m'épate et me séduit. Jamais un homme ne m'a fait un tel effet, mais comment le lui faire comprendre ? Je ne peux pas me laisser aller au marivaudage, à la légèreté de plaire l'espace d'une soirée et de vivre quelques moments d'intimité sans que ça aille plus loin. Je ne sais pas séduire, je n'en ai pas envie : trop dangereux ! Pour avoir vécu en tournée avec divers artistes, pour avoir vu dans ces virées comment on traite les femmes, les groupies que les vedettes se repassent comme des filles à soldat, je sais ce que je ne veux pas. Je ne juge pas celles qui mènent leur existence de la sorte, je comprends trop combien elles sont aveuglées par la fausse lumière des paillettes et des projecteurs... Ce n'est pas à elles que j'en veux mais aux mecs, à ceux qui se moquent d'elles et racontent dans leur dos leurs prouesses d'alcôve.

En m'installant à Paris, je me suis inventé un fiancé (à tout jamais invisible) pour avoir la paix. Je prétextais vouloir rester fidèle à un amoureux que j'avais dans le Midi. On me disait folle mais c'était ma façon de résister et de me protéger. Il m'est parfois arrivé de craquer et de flirter le temps d'un dîner mais rien de plus. Le monde dans lequel j'étais propulsée me faisait peur. Dans ce monde, tout était trop facile ; les gens avaient plus d'argent que je n'en avais jamais eu, mes fréquentations n'accordaient aucune valeur à ce qui avait de l'importance pour moi. Je n'avais que ma vie à moi et je ne voulais pas la rater.

Par bonheur, Jean-Paul, un être extrêmement droit et sensible, a l'intelligence de le deviner. Quand je lui dis que je l'admire, il sourit avec modestie. Je le trouve beau. Pourtant il n'a rien d'une gravure de mode. Son charme est plus profond, plus authentique.

Je le touche certainement par ma spontanéité. Très vite, il se fait protecteur, il n'a de cesse de me « réchauffer »... et devient de plus en plus tendre.

Pour suivre le protocole, j'envisage de le présenter à Jean Bonfanti, afin qu'il parle un peu avec lui, qu'il le juge et décide si c'est quelqu'un de sérieux.

Avec mon parrain, on se donne rendez-vous chez Francis, on discute quelques minutes tous les trois puis je m'absente, comme Jean m'a conseillé de le faire... Quand je reviens de ma prétendue course, Jean se lève.

– Je te laisse seule avec lui, dit-il.

C'est sa façon de me donner sa bénédiction. Entre-temps, Jean-Paul lui a avoué son désir de m'épouser. Mon parrain part tranquille.

Pourtant, quand il m'a rencontrée, Jean-Paul avait quelqu'un dans sa vie mais il m'a préférée, contre l'avis de tous, principalement de sa famille qui me considérait comme une gamine.

Dès le début de notre histoire j'ai tout dit à Jean-Paul, l'expérience du Bon-Pasteur, les injustices dont j'avais souffert, mes peurs incoercibles, face aux caméras comme devant ce milieu si cruel auquel néanmoins j'appartiens.

Je me suis donnée à lui parce que je n'ai jamais aimé comme ça auparavant, et je crois que je l'ai ému. Notre vie commune peut commencer...

Le 18 septembre 1965, comme Jean-Paul a déjà divorcé (deux fois), il n'y aura pas d'église. Achille Peretti nous unit à la mairie de Neuilly. Pour la circonstance, je porte un ensemble blanc ravissant de chez Nina Ricci et un drôle de petit chapeau triangulaire.

Après un déjeuner somptueux partagé dans l'intimité à la Grande Cascade, le célèbre restaurant du bois de Boulogne, Catherine Langeais, Pierre Sabbagh, les amis et copains nous rejoignent pour le cocktail. Ensuite nous partons en voyage de noces pour Florence où mon mari doit recevoir le prix Italia en récompense d'un ballet réalisé pour la télévision transalpine.

*
**

Je n'ai maintenant qu'une envie, celle de m'occuper de Jean-Paul, de lui repasser ses affaires, de lui préparer de bons petits plats, de m'occuper d'un jardin, de fleurs... Le reste m'indiffère tant le bonheur me saisit. Mais lui me dit que je fais fausse route. Il m'encourage même dans une voie opposée :

– Trouve quelqu'un qui t'aide dans la tenue de la maison, insiste-t-il. Consacre-toi à ta réussite. Fonce ! Tu es bonne dans ce que tu fais.

Peu d'hommes agiraient de la sorte, mais lui n'hésite pas. Je me laisse convaincre et, bientôt, on travaille ensemble sur certains « Télé-Dimanche » qu'il réalise pour être avec moi. En parfait Pygmalion, il m'apprend nombre de ficelles du métier. Chaque fois qu'un doute m'étreint, je lui en fais part, il sait me répondre et me guider. J'ai une confiance aveugle en lui.

Souvent nous retrouvons son meilleur ami, François Chalais, que le public connaît à travers « Reflets sur Cannes », ses émissions sur le cinéma, et *Les Chocolats de l'entracte*, son livre le plus célèbre. Avec sa femme, nous accompagnons François dans des soirées. À tu et à toi avec les metteurs en scène les plus illustres et le Tout-Paris, cet être possède le sens des valeurs, une élégance, une grande classe.

Tard dans la nuit, quand Maurice Ronet et d'autres acteurs nous rejoignent, nous rendons visite à François Patrice dans sa boîte de nuit. Tous m'admettent dans leur cercle. C'est une chance que n'ont pas certaines de leurs compagnes. De temps en temps, quand un de leurs potes arrive avec une conquête, François Chalais ne se gêne pas :

– Sois gentil, laisse celle-là à la maison ! Son niveau laisse à désirer...

Avec moi, pourtant, ce grand journaliste se comporte gentiment. Seulement moi je me tais. Je laisse discourir les hommes. Près d'eux je glane une multitude d'informations, de références culturelles. Ils parlent d'un monde que je ne connais pas et que je découvre à travers eux. Dans les émissions que je présente, je côtoie beaucoup de chanteurs et de comédiens, eux reçoivent l'élite. À noter que sur le plan des secrets d'alcôve, les uns n'ont rien à envier aux autres.

D'autres fois je rejoins Moretti, Asseo et Nucera dans un restaurant des Halles, la fameuse Tour Montlhéry. Avec eux aussi, je rencontre des êtres hors du commun. Un soir arrive Joseph Kessel. Il rentre de New York où il a enquêté pour les besoins d'un ouvrage qui traite des Alcooliques anonymes, une association fort prisée outre-Atlantique... Quand il évoque son reportage, qu'il regarde ses interlocuteurs, on sent en lui une compassion pour l'être humain qui doit être pour lui bien lourde à porter.

Quelques années plus tard, lors d'une rétrospective qui lui sera consacrée, Marcel Jullian, un des grands patrons de l'audiovisuel, l'homme qui lança Antenne 2, évoquera son ami Joseph Kessel et répétera une de ses confidences. « Tant que les Tziganes chanteront, disait Jeff, je ne pourrai pas mourir. »

***

« Tant que les Tziganes chanteront... » Pour l'amour, en est-il de même ? Je l'ignore encore... Pourtant, en ce qui me concerne, le temps du désamour est arrivé, ou du moins je le crois. Nous travaillons tant, Jean-Paul et moi, que nous ne nous voyons presque pas. Les liens se distendent, une dispute survient, qui va me faire découvrir à quel point je me suis éloignée de lui...

On m'a engagée pour un premier rôle dans un feuilleton, « Madame êtes-vous libre ? », sous la direction de Jean-Paul Le Chanois, avec un Coluche tout mince qui joue le rôle de mon « jumeau », nom que l'on donne aux deux coéquipiers – de jour et de nuit – d'un taxi. Sur les lieux du tournage je sympathise avec un comédien, un homosexuel qui a du mal à s'assumer. Laissant parler mon cœur, j'essaie de l'aider. Ayant tellement reçu, j'ai de quoi donner et je passe des heures à l'écouter. Mais mon mari ne comprend pas cela. Et je ne comprends pas sa réaction. Tout est devenu si facile pour moi que j'ai perdu mes repères. Et pourtant c'est grave. Pas l'anicroche en soi, ni le mouvement d'humeur de Jean-Paul, mais le fait que nous nous soyons éloignés l'un de l'autre au point de ne plus deviner ce qui n'allait pas. Jean-Paul avait des difficultés dans sa profession, il n'avait pas le moral, et moi je n'ai rien vu. Pis ! Étant donné le tour indifférent que prenaient nos relations, j'ai cru que je ne l'aimais plus. Je n'avais personne dans ma vie mais, par honnêteté, j'ai dit à Jean-Paul ce que je pensais ressentir...

Mon Dieu ! Jean-Paul m'a tellement protégée de tout qu'il ne m'a pas appris à me défendre contre moi-même. Malgré tout ce qu'il m'apportait, je ne l'ai compris que bien plus tard, je lui ai fait beaucoup de mal.

En tout cas nous avons, d'un commun accord, jugé préférable de nous séparer.

*
**

Entre notre séparation et l'acte officiel du divorce, Jean-Paul a rencontré une dame, ce qui donne évidemment à notre rupture un caractère irréversible. Nous nous accordons finalement sur la répartition de nos biens : je garderai l'appartement qu'il m'a offert mais je le rembourserai jusqu'au dernier centime. Cet arrangement à l'amiable provoque le courroux de mon avocat, Pierre Pasquini, un de mes indéfectibles parrains, qui n'admet pas « l'infidélité » de mon ex-mari ! Mais je ne me dédis pas.

Pour honorer ma dette, j'enchaîne les galas. J'en présente tellement, pour 150, 300 ou 400 francs de cachet par soir, que je deviens allergique aux trains... Mais je veux m'acquitter de ma promesse jusqu'au bout.

Parfois, quand je rentre tard de Cognacq-Jay, je passe devant le studio que loue Jean-Paul non loin de chez moi. Je lève la tête, je remarque que ses fenêtres ne sont pas éclairées. Il est occupé ailleurs...

Un soir, je le vois arriver dans une voiture pleine de valises. Au cours de la soirée, je lui téléphone. Il écoute de la grande musique, preuve absolue chez lui que ça ne va pas. Je le connais si bien ! Je l'invite à dîner. Il m'avoue avoir rompu avec sa maîtresse. Entre deux confidences, nous devenons amis.

Les années ont passé. Jean-Paul s'est remarié. Sa nouvelle femme est corse. Ils vivent dans ce beau pays. Jean-Paul va bien. Il écrit... merveilleusement.

Avant de convoler de nouveau, il m'avait présenté sa fiancée au cours d'une soirée à Honfleur. On riait. On se regardait, émus et complices...

Depuis son installation dans l'île de Beauté, je n'ai pas revu celui qui fut mon premier amour. Mais cela n'a pas empêché les Tziganes de chanter...

– IX –

LES VERTUS DU PARDON

Trente ans de bonheur avec maman

Depuis mon départ de Nice au milieu des années soixante, je téléphone à maman régulièrement ; elle vient me voir à Paris, je garde le contact. Dans mon studio du XVe arrondissement, lorsque j'étais célibataire... et très désordonnée, elle rangeait mes affaires. Puis elle a continué de veiller sur moi, me témoignant sa fierté devant ma réussite. Nos relations sont douces, sans heurts, mais sans relief non plus. Dans la vie, sans homme depuis papa, maman n'a jamais connu de grands bonheurs. Elle se montre toujours adorable, cependant elle me semble loin.

Peu de mois avant mon divorce, au début des années soixante-dix, je projette un jour de me rendre à Nice. En réalité, j'ai l'intention de faire une surprise à maman. J'entre donc à l'improviste dans le magasin de prêt-à-porter où elle travaille et demande à la voir. La propriétaire de la boutique m'informe qu'elle est dehors.

– Ah ! dis-je, elle est allée faire une course ?

– Pas du tout, me répond l'autre, embarrassée. Elle est là, devant...

Elle me fait un geste vague. Je sors. Dehors, il fait froid ; il pleut. Soudain, je vois ma Louise sans parapluie, sans manteau, promenant le teckel de sa patronne.

Mon sang ne fait qu'un tour. Pour qu'elle en arrive à accepter ça, elle a vraiment peur de perdre sa place, ce n'est pas possible ! Je cours à sa rencontre, je la prends par le bras et je l'entraîne, de façon assez violente. Parvenue au seuil du magasin, je lâche le chien à l'intérieur et je lance :

– Regardez bien, c'est la dernière fois que vous voyez Louise Truchi !

Médusée, très mal à l'aise, maman essaie de me calmer. Rien n'y fait. Devant la propriétaire et toutes ses copines-collègues rassemblées, je pousse ma mère dehors malgré elle.

– Denise, tu ne te rends pas compte ! Qu'est-ce que tu fais ? J'ai perdu ma place.

– À partir de maintenant, c'est terminé... Je m'occupe de toi.

– Mais, Denise, tu vis à Paris...

Nous voilà sous la pluie à nous disputer. Il est hors de question qu'elle continue ainsi, je n'en démords pas. À bout d'arguments, maman remonte avec moi dans son appartement et boucle ses valises comme je le lui demande.

Sans vouloir s'avouer combien elle est heureuse de partir, ma mère me suit. Ni elle ni moi ne savons que cette cohabitation va durer une trentaine d'années... J'installe maman dans un appartement au-dessous du mien, dans le même immeuble. Dès lors elle vit un peu à travers moi et, moi, j'essaie de partager avec elle ce que l'existence m'offre de meilleur. C'est beaucoup plus drôle que ce qu'elle a connu.

Peu à peu, en complétant mon *press-book*, en tenant la maison, ma mère se rend indispensable. Attentionnée, aimante... et jamais pesante ! Tout en préservant chacune sa liberté, nous avons à ce moment-là la vie que nous n'avons jamais goûtée au temps de mon enfance et de mon adolescence.

Il n'empêche qu'elle a gardé ses préventions. Après mon divorce, parfois j'invitais des copains à la maison. Quand ma chère mère découvrait ces hurluberlus avec leurs cheveux longs, elle m'entraînait dans la cuisine pour me commenter en niçois : « Ils ont vraiment mauvais genre. »

– Mais enfin, maman, je travaille avec eux ! Ils excellent dans ce qu'ils font... Tu me laisses tranquille, tu ne portes pas de jugement. C'est fini, ce temps-là !

Eh oui ! Dans ma vie personnelle comme professionnelle, j'ai acquis du répondant, je peux me défendre, maintenant, je suis majeure et vaccinée. Les autres l'apprennent parfois à leurs dépens.

En dépit de ces petites mises au point, maman et moi ne nous quittons plus. On rattrape en quelque sorte les années de galère. Que personne désormais ne s'avise de me dire qu'elle a été dure avec moi dans ma jeunesse, je comprends maintenant ce qui l'a motivée. L'enfer est parfois pavé de bonnes intentions...

*
**

La période du Bon-Pasteur, je n'en parlais jamais. Surtout pas dans le métier. Et dans ma grande naïveté, quand en octobre 1989 Patrick Sabatier m'a invitée dans son émission « Avis de recherche », je n'ai pas imaginé une seconde qu'il irait fureter là-bas.

Mais Patrick connaît son métier. Dès le début du tournage, je craque en voyant les photographies de mon père, de ma mère, de mon enfance. Pour la première fois de mon existence, par le biais de l'album photo projeté sur un écran géant (ce qui décuple l'émotion), la famille est réunie.

Et voilà que l'animateur divulgue mon passage au Bon-Pasteur. Cela me perturbe beaucoup, surtout pour maman, qui apparaît comme quelqu'un de très intransigeant. Je n'ose même pas la regarder. Si j'avais su qu'on aborderait ce sujet, je ne l'aurais pas conviée sur le plateau... Mais ma mère reste imperturbable. Mieux, le soir, au dîner, après un silence pesant, elle sourit et me dit :

– Tu sais, j'ai bien fait, finalement !

On n'a jamais reparlé de cet épisode entre nous. Son attitude ce soir-là ne m'a pas incitée à approfondir la question. Pour ma part, les blessures étaient cicatrisées ou presque. Pour elle, en apparence, cela ne créait aucun problème de conscience. Mais j'ai quand même pris le tournage de cette émission en plein cœur. Comment ont-ils su ?

Lors de la diffusion de l'émission, curieusement, je passe la soirée à Nice, dans une chambre d'hôtel. Comble du comble... À ma fenêtre, en pleine débâcle, je regarde la Promenade des Anglais et je pleure... Tout ce qui est refoulé en moi resurgit. Cela me fait un mal fou ! J'ai honte... Encore une fois, plus pour maman que pour moi.

Le lendemain, dans la rue, des femmes m'arrêtent, nombre de gens me félicitent : « Quel combat vous avez mené... C'est formidable, ce que vous avez réalisé pour vous en sortir ! » Cela me fait du bien, mais pas suffisamment pour guérir la plaie.

Aujourd'hui, je saisis l'occasion de ce livre pour m'absoudre du passé, rétablir les faits, ma vérité. Ma mère s'est éteinte. Elle a toujours assumé ses décisions. Et moi, en fin de compte, j'ai accepté ses choix et ce qu'elle était sans me poser plus de questions qu'elle ne s'en était posé.

Ce n'est pas elle qui m'a fait souffrir mais l'environnement dans lequel j'ai évolué. Le mode de pensée de ma famille paternelle, les méthodes d'éducation des institutions d'abord, puis de la maison de correction, m'ont tellement cassée qu'ils ont annihilé toute faculté d'analyse en moi. Ces gens se sont saisis de mon existence sans se soucier des conséquences. Heureusement, chez nous, nous sommes des rocs... Si cela n'avait pas été le cas, où en serais-je ?

*
**

Pardonner à ma mère m'est venu naturellement, en ce jour de pluie devant la boutique où elle œuvrait. La voir ainsi, misérable et en même temps si digne sous la pluie à promener ce chien, a eu raison de mes dernières résistances et a effacé la trahison, les humiliations, les frustrations, les brimades... Sous cette pluie ne demeurait qu'une femme minuscule, encore belle, que j'avais envie de serrer pour l'éternité dans mes bras comme je n'avais jamais pu le faire.

La vie, qui nous avait éloignées l'une de l'autre, nous a alors rapprochées et nous a donné une seconde chance. Je n'ai pas de mérite à lui avoir pardonné : c'est ce à quoi j'aspirais le plus. Mais il n'est pas facile d'arriver au pardon. Le pardon n'est jamais un acte volontaire mais un don, une grâce.

Élevée dans la foi chrétienne, je suis sûre que cet élan du cœur est venu d'en haut. On ne peut jamais se dépasser par sa seule détermination. C'est toujours une puissance surnaturelle qui nous aide dans les moments difficiles. On implore le Ciel et nos vœux sont exaucés. Pas toujours au moment où notre volonté humaine l'exige mais, un jour ou l'autre, ils sont exaucés. Ce pardon spontané m'a permis de vivre des années de bonheur, de complicité avec celle qui m'avait enfantée. Et il m'a libérée de l'amertume.

– X –

FOUS RIRES GARANTIS

Les farces des techniciens, les fureurs d'Éliane Victor et les somptueux ratés de José Garcimore

Quand on est de permanence à Cognacq-Jay, en cabine-speakerine ou à côté, en régie finale, et que l'on attend de faire ses annonces au cas où il y aurait soit une panne, soit des enchaînements à improviser, on passe son temps à guetter le moindre problème ou un appel du chef de la chaîne qui nous demanderait d'intervenir.

Entre deux, on s'amuse avec les techniciens. C'est un peu l'esprit de colo, très potache. Ça l'est même parfois trop. Car après une bonne blague, il devient difficile de retrouver son sérieux pour passer à l'antenne. Et ce ne sont pas vos compagnons de fortune qui vont vous y aider, bien au contraire !

Un soir, j'en fais la cruelle expérience. Habillée d'une longue robe Laura Ashley très *country*, je suis en train d'annoncer un western quand un technicien traverse le studio non loin de moi – mais hors champ – avec un projecteur, un ventilateur et un arbre. Je sais qu'il a pour mission de faire du vent dans les branches de cet arbre qu'il va planter dans le décor. Je me concentre sur mon texte. C'est un peu dur. Le type a une drôle de touche, j'ai envie de rire, mais je tiens bon. Quoi qu'il advienne, je fixe l'objectif.

Tandis qu'il s'applique à passer inaperçu, le malheureux glisse et se casse la figure avec le projo, le ventilateur, les branches qui partent dans tous les sens... et ma robe avec, sous l'effet du « vent » ! Je retiens mes jupons comme je peux, j'ai hâte de terminer l'annonce du film. Seulement, à la fin de sa chute, le maladroit pousse un retentissant « Et merde ! » que tout le monde peut entendre à l'antenne.

La caméra est toujours braquée sur mon visage. Je me pince pour rester impassible et enchaîner sur une émission médicale. Impossible de réfréner le fou rire qui monte en moi... Je me pince et me sermonne intérieurement : « Vas-y Denise, il faut que tu arrives à le dire, c'est vraiment du sérieux... » Les larmes me piquent déjà les yeux.

Le gars à terre rit comme un malade. En régie, derrière la vitre, c'est l'hilarité générale. Je me pince plus fort. Par obligation professionnelle, je m'astreins à poursuivre : « Et alors, ensuite, après le film, et alors, ensuite, après... » Mais jamais je ne peux terminer ma phrase... Autour de moi, tout le monde se tape sur les cuisses. Enfin un collègue retrouve son sang-froid et m'enlève de l'image.

Deux minutes plus tard, le téléphone sonne sur mon bureau. C'est le patron des speakerines. Il me passe un savon. Mais que dire ? Rien ! Surtout pas que l'équipe au complet a débloqué et que c'est vous qui prenez...

Un autre soir, même topo ou presque. Un copain chargé de la lumière a un petit coup dans le nez. Pour remplacer une ampoule grillée, il a installé son échelle dans le champ, un magnifique décor de Noël. L'ivresse aidant, il va lentement, très lentement, si lentement qu'arrive bientôt le temps de prendre l'antenne... Déjà, en robe pailletée, je m'installe face à la caméra. Un type de la régie nous prévient :

– Plus que cinquante secondes.
– Attendez, dit l'éclairagiste, y a pas l'feu...
– Jules, enlève ton échelle !
– Y a l'temps ! répète l'autre.
– Trente secondes !
– Y a pas l'feu, j'te dis...
– Allez, attention, tire-toi, Jules !
– Dix secondes...

On n'a jamais pu lui faire entendre raison. Ce soir de fête, je suis passée à l'écran dans un décor de rêve, avec l'échelle dans mon dos et le gars dessus, comme si c'était la chose la plus naturelle du monde !

Souvent, en fin de soirée, je rejoins l'équipe des journalistes sur le plateau du dernier journal télévisé tandis que Florence Schaal, une journaliste que j'apprécie énormément, présente les nouvelles.

Un samedi, comme d'habitude, je m'installe à côté d'elle. Dès la fin de son compte rendu, elle se tourne vers moi et me dit :

– Et maintenant, Denise, dites-nous le programme de demain dimanche.

Saisissant la balle au bond, j'énumère aussitôt les émissions religieuses du lendemain. Je connais tous les titres par cœur. Ça roule ! Pas de problème...

Mais quand j'attaque « Présence protestante », je vois un journaliste des sports arriver et baisser son pantalon. Ai-je la berlue ? Je poursuis mon annonce. Au « Jour du Seigneur », le plaisantin baisse le caleçon et montre son postérieur. Inutile de dire que je m'accroche à la caméra et que Florence se plie de rire à côté... Puis j'arrive au passage où je dois parler de « la messe de midi ».

– À Gruyère, en Suisse...

Une messe à Gruyère ? Bon, d'accord, il n'y a pas de quoi s'esclaffer, mais quand on se trouve sur la pente « déconnade », tout est prétexte à se tordre. J'éclate de rire ! Florence glisse sous le pupitre. Les machinos, toute l'équipe gloussent. Impossible d'enchaîner sur *La Petite Maison dans la prairie*, au programme de l'après-midi, la messe à Gruyère me cloue le bec. En proie à un fou rire monstrueux, je me tourne vers Florence et je dis :

– Et la suite, Florence ?

– Mais je vous en prie, Denise, après vous !

– Mais non, mais non !

On ne se tient plus. On rit aux larmes. En régie, en proie au même délire, les copains ne nous enlèvent pas de l'image, les mufles. Nous restons donc à l'antenne, dans un état de fou rire inextinguible total...

Le lendemain, les représailles de la direction ne se font pas attendre ! Les pontes cherchent partout l'enregistrement du délit. Les techniciens l'ont caché : ils craignent que l'on se fasse virer, Florence et moi. Ils ne les « retrouveront », comme par hasard, que trois semaines plus tard, quand la colère des chefs de service sera retombée. Mais ça ne change rien aux sanctions immédiates. Ma responsable de l'époque, une femme adorable, me signifie simplement une mise à pied. Seulement quand je rencontre dans l'ascenseur mon patron, Jean-Louis Guillaud, il me sermonne.

– Je vous aime bien, me dit-il, j'apprécie vos fous rires, mais il y a des gens que ça dérange. Quand vous avez un fou rire, expliquez ce qui se passe. Que les gens participent, au moins !

– Oui, monsieur le directeur.

Comme si je pouvais expliquer à l'antenne qu'il y a un gars en coulisses qui me montre ses fesses !

Bilan de cet esclandre : on n'a jamais donné le nom de ce journaliste, il ne s'est jamais fait engueuler, mais Florence a été écartée du JT. Quelque temps plus tard, elle a réintégré l'équipe en tant que grand reporter, grand reporter qu'elle est toujours pour le 20 heures de TF1. Mais elle n'a plus jamais présenté les nouvelles. En qualité de journaliste, elle n'avait pas le droit de perdre son sang-froid. C'était interdit. Elle l'a rudement payé.

En comparaison, ma mise à pied de trois semaines m'est apparue comme une fleur. Hélas, quand j'ai repris mes tours de garde, je n'ai plus jamais ri comme avec Florence. C'était ça, la vraie punition !

*
**

Un jour, Éliane Victor (ex-épouse de Paul-Émile Victor), dont j'ai déjà parlé à propos de ses émissions d'avant-garde, est nommée déléguée du directeur général. C'est une personne très cultivée et une brillante journaliste de télévision.

Conjointement à cette promotion, Jean-Louis Guillaud lui confie la responsabilité des programmes des samedis après-midi où je sévis alors en compagnie de Pierre Douglas et de José Garcimore, le magicien. Notre émission, « Restez donc avec nous le samedi », rassemble un florilège de divertissements. On y découvre « Temps X », des frères Bogdanoff, les initiateurs de la science-fiction à la télé, Maya l'abeille, un autre star qui monte, et des jeux, toujours des jeux.

Dès qu'Éliane fait la connaissance de José, elle nous convoque.

– Mais qu'est-ce que c'est que ce type ?

Pierre la rassure :

– Éliane, je l'ai vu, il passe dans les cabarets, il est très drôle.

– À condition que l'on comprenne ce qu'il dit ! Il faut absolument qu'il gomme son accent !

Après une discussion serrée, Pierre et moi nous engageons à faire répéter Garcimore. Et c'est ainsi que, pendant trois années extraordinaires, on se retrouve le samedi après-midi, Pierre Douglas, José Garcimore et moi.

Moi dont la conception de l'élégance ne plaît pas à Éliane Victor... J'adore mettre de grosses boucles d'oreilles et des petits foulards noués « à la gavroche » autour du cou. D'après elle, ce n'est pas du meilleur effet. Elle a entièrement raison, d'ailleurs. Mais je m'entête. Lorsque je lui désobéis, elle se rue sur son téléphone.

– Attention, Denise ! Si au prochain plateau vous vous présentez encore accoutrée de la sorte, je prends ma voiture et je viens vous arranger moi-même !

Elle est terrifiante ! En tout cas, elle me terrifie. Un cœur d'or, un goût très sûr, mais il n'y a rien à faire : cette superprofessionnelle me tétanise de peur. Je ne pense pas qu'elle ait jamais su à quel point elle m'intimidait.

Du temps de « Restez donc avec nous le samedi », Éliane Victor voit probablement tout ce que j'ai encore à apprendre. Néanmoins je continue de m'amuser comme une gamine.

Garcimore, lui, « exécute » ses tours ; c'est-à-dire qu'il les loupe régulièrement à l'antenne alors que, pendant les répétitions, il les réussit toujours. Avant le tournage, Pierre et moi nous appliquons à aider l'illusionniste afin que tout se passe le mieux du monde. On lui fait répéter son texte et les tours de magie. Tout est nickel. José me dit :

– Tu vois, ce coup-ci, je crois que c'est bon.

Et, bien entendu, au tournage tout capote ! Sa maladresse me fait rire. Nous frisons pourtant le drame. Je tente de le secouer :

– Bon sang, le prochain, débrouille-toi pour le réussir !

Avec ses longs cheveux qui lui encadrent le visage, il acquiesce en dodelinant de la tête et en bafouillant ce mot devenu célèbre : « Décontrasté »... Pour « décontracté ». Et aussitôt... il manque son effet ! Il sort un lapin de son chapeau, le lapin se sauve à toutes pattes. Ses colombes s'envolent là où il ne faut pas, Garcimore court après, Pierre Douglas à sa suite. Je suis pliée en deux, et je crois bien que les téléspectateurs rient autant que moi.

Régulièrement, dès qu'on lance les séries, on reçoit un appel : « Éliane au téléphone ! » Régulièrement, elle me réprimande : j'ai encore trop ri. Puis elle s'en prend à Pierre : elle n'en peut plus de ce faiseur de tours, elle le trouve nul. Régulièrement, Pierre réussit à la convaincre de poursuivre. Et elle de supplier :

– Qu'au moins il n'en loupe qu'un sur deux !

Semaine après semaine, on tente de se perfectionner. En vain ! José Garcimore continue de rater ses tours et reçoit des observations. Pendant cinq minutes, on ne rit plus. Puis il fait un faux pas et c'est reparti. Douglas en rajoute lui aussi pour nous faire glousser de plus belle, mais ses pitreries ne se voient pas à l'image. Nous le traitons de faux jeton. Copiant son air de Pierrot lunaire pince-sans-rire, je l'imite quand il répond au téléphone :

– Mais oui, Éliane, vous avez tout à fait raison. Comptez sur moi, je vais faire en sorte que tout cela change...

Et il est le premier à nous faire tomber dans les pièges et à provoquer notre folie !

En fait, le succès de l'émission repose sur cette série de loupés. Tout le monde adore. C'est dans l'air du temps. Les Shadoks sont passés par là. Dali fait de la publicité pour les chocolats Lanvin. Sur une idée de Pierre Sabbagh, Ploom, une chenille insolente, sert d'interlude entre la fin du JT et les programmes de la soirée. Alice Sapritch joue une reine de cœur dans « Alice au pays des merveilles » mise en images par Averty. La logique de l'absurde enchante le public.

– Livre 3 –

SOUS LES PROJECTEURS

– I –

TÉLÉSCOPIE

Peaux de bananes, machisme et misogynie

En janvier 1975, l'ORTF a disparu. Les téléspectateurs découvrent TF1, Antenne 2 et FR3, des chaînes entièrement autonomes, un nouvel esprit, la télévision des temps modernes. À la tête de TF1, Jean Cazeneuve et Jean-Louis Guillaud annoncent un rajeunissement. Ils devraient plutôt parler de renaissance. La télé de papa se meurt, mais elle a permis à de nouvelles équipes d'émerger, quitte à ce qu'elles brocardent les vieux de la vieille.

Sur Antenne 2, Bernard Pivot lance « Apostrophes » et Jacques Chancel triomphe dans son « Grand Échiquier ». Sur TF1, qui passe lentement à la couleur, « Le Petit Rapporteur » de Jacques Martin bat des records d'audience et d'impertinence le dimanche.

Toujours en 1975, *Télé 7 Jours* crée les « 7 d'Or », destinés à célébrer les émissions de télévision les plus prestigieuses et les hommes ou femmes qui les font. Pour inaugurer cette formule, le magazine organise une remise des récompenses à Rio de Janeiro. Le trophée est une sculpture « moderne » ; on est encore loin de sa mouture définitive, celle que nous connaissons aujourd'hui, mais on s'en rapproche.

Contre toute attente, je fais partie du voyage et des nominés. En compagnie d'Alain Delon, Mireille Darc et Jacques Charon, nous voyageons en Concorde, qui en est encore à ses premiers vols. Accueillis sur place par des motards et une escorte digne de chefs d'État, on passe la soirée chez le propriétaire d'*El Globo*, le grand journal de Rio. Notre hôte nous accueille dans une maison débordant d'orchidées, située au milieu d'un immense parc où se dressent des arbres gigantesques. Un décor magique : on se croirait dans une forêt de Brocéliande tropicale où s'ébattraient des elfes. Toutes les femmes sont en robe longue et les hommes en smoking. Une école de samba vient nous distraire avec ses danseuses, inégalables.

À la fin du repas, Roger Gicquel, le présentateur du journal télévisé, m'invite pour une valse. Puis Mireille Darc et Alain Delon me raccompagnent à l'hôtel.

Lorsque nous descendons de voiture pour gagner la réception de l'établissement qui surplombe Copacabana, une mini-émeute nous encercle et prend Delon, l'idole des idoles, en otage... Mireille reste impassible et laisse Alain à ses admiratrices. Mais quand l'acteur parvient enfin à se dégager et à nous rejoindre sur les marches du palace, un homme arrive avec deux splendides jeunes femmes et lui propose de continuer la soirée en boîte. Je trouve tout de même ça un peu culotté ! Je regarde Mireille : pas le moindre signe d'impatience.

– J'ai sommeil, je vais me coucher, dit-elle simplement à Delon.

Et elle m'entraîne à sa suite. Elle est vêtue d'une somptueuse robe blanche, de Loris Azzaro. Soudain, on ne voit plus que son célèbre décolleté qui descend jusqu'en bas du dos. Sublime ! Royale ! Laissant carrément Alain se dépatouiller avec les nanas et l'interprète, elle monte les dernières marches et franchit les portes de l'hôtel.

Le lendemain matin, au petit déjeuner, Mireille me raconte que Delon est rentré un quart d'heure après nous. Quand il a vu qu'elle tournait les talons, il l'a suivie le plus vite possible. Cette superbe femme protège sa relation amoureuse avec sagesse, tout en soignant sa propre popularité.

À l'issue de ce séjour de rêve, je reçois mon premier « 7 d'Or » en tant que speakerine. Sont également récompensés Charles Trenet, Stellio Lorenzi, Jacques Chancel, Roger Gicquel, Jacques Charon et Nicole Courcel. Je suis sur un petit nuage...

Et je n'en redescends pas ! Présentée par *Newsweek* comme la présentatrice française parmi *« The world's top feminine TV personalities »*, citée par *Paris Match* dans le hit-parade des dix femmes les plus influentes qui font la France après Simone Weil et Françoise Giroud, je n'en reviens pas d'une telle notoriété.

Je dois même dire que cet engouement me dépasse quelque peu. On me demande mon avis sur tout. Comment pourrais-je répondre, moi, la petite Niçoise ? Je m'en tire avec une pirouette. Pourquoi m'aime-t-on ? Pour ma gaieté. « Le rire, dis-je alors, est une philosophie. Un bon éclat de rire garde le pouvoir de dédramatiser bien des situations. »

On retrace mes péripéties dans de nombreux reportages photo. Je deviens une sorte d'ambassadrice. J'occupe de plus en plus de place dans les pages consacrées aux mondanités, aux gens à la mode, à ce qui deviendra plus tard les pages *people*. Edgar Schneider parle de moi dans *Jours de France*, le magazine où il m'arrive de signer une rubrique intitulée « Téléscopie ».

Dans sa chronique « Les Dames du temps présent », Zitrone (encore lui) me décrit comme quelqu'un de « disponible qui accepte d'appartenir aux spectateurs », mais aussi comme « une femme possédée par le démon du petit écran ». Cependant, il conclut son portrait très gentiment en écrivant : « Aussi surchauffée que fût la cabine-speakerine, j'en suis ressorti avec un sentiment de fraîcheur. »

*
* *

C'est vraiment une autre époque qui s'amorce. Pour moi-même, et pour le monde de la télévision. Les « grandes » du petit écran, les Catherine Langeais, Jacqueline Caurat et Jacqueline Huet, viennent d'être remerciées. Ne survivent à cette purge qu'Évelyne Dhéliat et moi. Les petites jeunes d'hier sont désormais les aînées d'une nouvelle génération...

Bientôt la perspective du concours de l'Eurovision 1978 déchaîne les passions. Il s'agit de présenter au côté de l'immense Zitrone ce concours de la chanson à Paris, au palais des Congrès. Une débutante, que je nommerai ici « Reinette » par souci de discrétion, veut absolument décrocher le contrat mais Jean-Louis Guillaud me désigne. Une façon de me récompenser devant des millions de téléspectateurs. « Ce concours, dit-il, c'est votre bâton de maréchal ! » Naturellement cela n'a pas l'heur de plaire à celles – dont Reinette – qui pensent que cette présentation leur revient de droit.

Où va se nicher la bêtise ? Une nuit, maman vient me réveiller. Elle est affolée. Elle a reçu à l'instant des menaces par téléphone :

– Si votre fille n'abandonne pas le concours de l'Eurovision, il va lui arriver des bricoles.

Mine de rien, je fais mon enquête. Je découvre aisément l'auteur de ce chantage. C'est la Reinette ! Ou plutôt l'homme de sa vie, qui a sans doute voulu venir au secours de sa belle...

Aucunement paniquée, je rassure maman. Mais la nuit suivante le mécréant s'en prend à moi et m'avertit qu'il a toute la bande des Corses avec lui. Sans me démonter, je réplique :

– Vous avez peut-être une bande de Corses, mais moi j'en ai une autre. On va voir ce que ça va donner ! Je n'ai rien fait pour décrocher cette présentation mais, à partir d'aujourd'hui, je ferai tout pour la garder !

Le lendemain matin, rendez-vous pris avec Jean-Louis Guillaud, je lui explique ce qu'il en est. J'exige une confrontation avec les protagonistes de cette mascarade. Les choses rentrent apparemment dans l'ordre. Apparemment, dis-je, car ma « rivale » me vouera dès lors une haine farouche et ne se privera pas de médire sur mon compte, sans grand succès semble-t-il. En tout cas, chaque fois qu'elle a cherché la bagarre, j'ai esquivé, mettant en pratique une des phrases de la Bible : « Souris à ton ennemi(e) et dérobe-lui ses flèches. »

***

On commence les répétitions de l'Eurovision avec Zitrone. J'expérimente son perfectionnisme... Pour se protéger de la menace d'agressions éventuelles, Léon veut mettre un gilet pare-balles et essaie d'en obtenir un pour moi. Mais je proteste. Avec ma robe décolletée Valentino, ce ne serait pas du meilleur effet !

Premier jour au palais des Congrès : on descend tous les deux manger une pizza dans la galerie marchande. Dans le restaurant où nous nous sommes installés, aucun des serveurs ne s'approche de notre table. C'est bizarre... Normalement, dès que Léon Zitrone apparaît, tout le personnel se rue sur lui. Au lieu de ça, je les vois tous, au fond de la salle, comme tétanisés : c'est à celui qui résistera le mieux pour ne pas venir prendre notre commande. Tout à coup, le directeur de l'établissement pousse un garçon vers nous. De sa voix de stentor, Léon lui demande :

– Vous n'allez pas recommencer aujourd'hui, j'espère ?

Le pauvre serveur nie avec véhémence. Alors qu'il termine de prendre la commande, Léon se tourne vers moi et m'explique :

– Tu ne sais pas ce qu'ils m'ont fait la dernière fois ? Ils ont osé m'inviter ! Te rends-tu compte ? J'ai fait un scandale ! C'est honteux ! Nous ne sommes pas des mendiants. Denise, souviens-toi, n'accepte jamais ça !

Le grand soir de l'Eurovision arrive, Léon entre sur le plateau. Il me cède la politesse. Je salue donc le public en français et en anglais, comme prévu, et je l'annonce. Lui enchaîne, et dit bonsoir en cinq langues ! En une minute, il m'envoie dans les choux. Tandis que le groupe israélien prend la tête de la compétition, me voilà réduite à comptabiliser les points. Je deviens Madame *one point, two points* ! Léon assure le reste, à l'aise et polyglotte. En vrai pro, il a bien peaufiné son truc et ne m'a pas mise dans le coup. Mais comment lui en vouloir ? Léon, c'est un peu l'homme-orchestre de la télévision, il sait tout faire. C'est un grand bonhomme, aussi bon au JT qu'au Tiercé ou dans les cérémonies officielles et les mariages royaux... Vouloir lui arriver à la cheville serait une perte de temps et d'énergie.

Il n'empêche que, pour garder le sourire dans ce genre de situation, il faut avoir la bonne humeur chevillée aux zygomatiques ! Mais on m'a appris à assurer l'antenne coûte que coûte. En obéissant aveuglément à cette règle, je ne me pose pas de questions.

Dans ce métier de rivalités, les hommes se battent mais les femmes, plus garces, luttent avec d'autres armes. Un type tirera la couverture à lui sans s'en rendre compte. Cela se passe un peu comme dans la vie. Quand on travaille en binôme avec un représentant du sexe opposé, tout lui est dû. On reproduit devant les caméras la conduite qu'on a dans l'intimité... Le tout consiste à ne pas en être dupe. Pour ma part, on me dit souvent que j'accepte beaucoup plus de choses qu'il ne le faudrait, mais je ne le regrette pas.

*
**

Autre grand moment : « Intervilles », l'émission orchestrée par Guy Lux. Chacun connaît le concept de cette émission reprise aujourd'hui par Nagui. Beaucoup se souviennent du défi qui préside à ce jeu : au cours d'épreuves multiples, un gars doit aller d'un point à un autre et, à un moment donné, une vachette vient semer la pagaille. De ville en ville, on trimballe les vachettes et l'on voit des types affolés leur échapper en sautant par-dessus une barrière et se planquer je ne sais où.

Un incident fameux est resté dans les annales de cette émission. Lors d'un tournage en direct, Léon Zitrone reçoit un projectile lancé par un spectateur mécontent. Ses lunettes valsent. Guy s'affole : c'est une catastrophe !

Imperturbable, Léon demande l'antenne, s'adresse à la caméra et annonce, sur le ton qu'il emploie quand il commente les événements sportifs :

– Ce n'est pas grave, ce n'est pas grave ! Je ne vois plus rien, mais ça va. Je ne sais pas ce qui s'est passé mais je vous en prie, Guy, rassurez les miens, je suis sauf !

Applaudissements à tout rompre du public ! La séance avec les vachettes se poursuit...

Pour rester dans les images animalières, je dirai que tout l'été Guy Lux me fait tourner en bourrique. Il n'y a que lui qui sait comment va se dérouler l'émission. Il vous donne un conducteur mais il change tout à la dernière minute. On ne peut rien préparer. Et je n'ai vraiment pas de chance : tandis que les autres animateurs sont dispatchés en différentes villes, Guy souhaite m'avoir à son côté. C'est lui qui m'a sélectionnée. Cependant l'auguste privilège tourne vite au désastre. Les répétitions se révèlent assez difficiles. Guy pique des colères pas possibles. À chacun sa façon d'évacuer son stress, je suppose : moi j'éclate de rire, lui va parfois jusqu'à casser des chaises ! Ma patience est mise à rude épreuve et, à la fin, nos rapports prennent des allures de banquise. Alors que nous dormons dans le même hôtel, Guy m'envoie des fax pour me communiquer ses directives, c'est tout dire... Et c'est décidé : pour moi, « Intervilles » ne durera qu'une saison.

*
**

Ensuite on me propose d'animer « Les Oscars de la mode », avec Frédéric Mitterrand. Pour être à la hauteur de mon homologue masculin et ne pas rester en plan comme avec Léon, je travaille des nuits entières avec le président de la Fédération de la haute couture française afin de décrypter les secrets des défilés. Mais en raison d'incompatibilités d'horaires, Frédéric et moi ne parvenons pas à répéter ensemble.

Arrive la cérémonie. L'émission commence devant un parterre prestigieux où l'on reconnaît la tante de Frédéric, Mme Danielle Mitterrand.

Après avoir procédé à l'introduction d'usage, Frédéric ne lâche plus le micro, sans réaliser qu'il me sort du contexte. Les toilettes défilent. Il parle, il parle. Il a un tel charme, une telle érudition ! Il part et on ne peut plus l'arrêter. C'est un conteur fabuleux. En plus, il a un phrasé très personnel : avec lui pas de point à la ligne, il s'exprime sur un ton uniforme, sans couper le texte de la moindre intonation, comme s'il vous emmenait en croisière. Chacun l'écoute, ravi. Pourquoi tenter de l'interrompre ? Le voudrais-je, que pourrais-je ajouter ? Il devient superflu d'évoquer la tendance ou la couleur du jour. En tout cas, je ne me sens pas l'envie d'intervenir.

Résultat : l'émission se termine et... plusieurs invitées se précipitent pour me féliciter sur le choix de mes robes. Elles ne peuvent trouver pire injure pour moi qui ai tant préparé ! Seule dans la nuit, parée d'une robe Saint Laurent, sans même prendre la peine de me changer, je m'enfuis en pleurs sans aller au dîner...

Bien plus tard, au hasard d'un gala, je retrouve Frédéric et lui avoue ce qui s'est passé pour moi lors des « Oscars de la mode ». Confus, il me demande de lui pardonner.

– C'était involontaire, m'explique-t-il.

Je ne le sais que trop bien. Je vous l'ai dit : à l'antenne comme dans la vie, tous les mecs vous font du mal sans le vouloir. Et quand on le leur fait remarquer, ils répondent, comme jadis à leur maman : « J'l'ai pas fait exprès ! »

*
**

Pour TF1 toujours, à l'occasion du « Carnaval des carnavals », une émission enregistrée à Nice pour laquelle on a invité toute la *jet-set* ainsi que des troupes de carnaval et des écoles de samba du monde entier, me voici maintenant la partenaire de Jean-Claude Brialy.

Jean-Claude Brialy ! Autant dire un mythe...

Depuis mon adolescence, je ne cesse de l'admirer pour ses multiples interprétations dans les films de la « Nouvelle Vague », ceux de Godard, de Chabrol, et aussi au théâtre. J'aime son côté dandy et la façon insolente qu'il a de détailler les gens d'un air assuré.

Jean-Claude Brialy, je le connais un peu, je ne suis pas de ses intimes, mais je l'adore. Très drôle, il brille sans cesse par son esprit. Attentif et respectueux, il prend soin de ses amis. Dans les périodes difficiles, il a veillé sur Joséphine Baker, Arletty et bien d'autres. C'est un être rare.

Très vite, cependant, lors de nos séances de travail, je perçois le traquenard. Brialy est une star. Non qu'il en joue, mais j'ai de nouveau du mal à m'imposer. Que dis-je, « du mal »... Une impossibilité totale, oui ! Comme nombre de grandes pointures, Jean-Claude arrive avec une idée bien précise de ce qu'il veut faire. Avec humour et naturel, il assure sans effort... tout seul ! Ça recommence ! Ce qui me barbe, dans l'histoire, c'est qu'à chaque fois j'ai bûché comme une folle sur le sujet. Pour rien !

À peine démarre-t-on l'animation que Brialy se lance dans une profusion d'anecdotes et de commentaires d'une subtilité rare. Moi je garde la pose et j'écoute ce beau parleur qui aime séduire en sachant comme nul autre subjuguer un auditoire... Oubliant ce que j'ai appris sur les histoires des carnavals de Nice, d'Argentine ou de Rio, je passe en pilotage automatique, avec un sourire aérodynamique et inoxydable.

Et je ne me sens nullement flouée ! Avec des êtres de cette trempe, il serait stupide de se trouver humiliée. Il existe une différence entre la fonction de présentateur et celle d'enchanteur public. Cela n'a rien à voir, ce n'est pas le même métier. Et quand je tombe sur un enchanteur, je me laisse enchanter.

*
**

Cela dit, on ne s'est pas privé, à l'époque, de considérer les speakerines comme des potiches. En ce qui me concerne, je n'en ai jamais souffert, d'autres si.

On est allé plus loin : dans les années soixante-dix, une journaliste de la presse écrite a traité les speakerines de prostituées à cause de leurs décolletés. Selon elle, dans la vitrine de notre petit écran, la télévision se servait de nous comme des dames d'Amsterdam ou d'Anvers, pour allécher le client. Or je venais de créer une association internationale des présentateurs de télévision : je souhaitais justement défendre notre métier, montrer que nous n'étions pas que des marionnettes, que nous rédigions nos textes nous-mêmes, que nous travaillions sans prompteurs (et pour cause, ceux-ci venaient seulement de faire leur apparition dans la profession) et que nous étions toujours là en cas de coup dur. J'ai donc fortement réagi.

Avec mon patron, Jean-Louis Guillaud, nous avons étudié ensemble les mesures à prendre. Finalement, nous avons attaqué. Un procès a eu lieu. Aucun de nos détracteurs ne s'y est présenté. Nous avons reçu le franc symbolique de dommages et intérêts. Est-ce à ce prix-là que les magistrats estimaient notre honneur ? Nul ne peut en jurer.

Pour ma part, je n'ai jamais trouvé que les speakerines ou présentatrices de l'époque en rajoutaient dans l'art de faire du charme. Nos patrons étaient bien trop à cheval sur les principes. « Bon chic, bon genre » demeurait le mot d'ordre. Et à l'extérieur, tenez-vous correctement s'il vous plaît !

Cela me rappelle un souvenir amusant... Je ne sais plus comment le magazine *Lui*, aussi aguichant que culturel à l'époque, m'a proposé un jour de faire sa couverture avec un photomontage (sans doute pour épargner ma pudeur !) : mon visage sur un buste qui n'était pas le mien, et qui serait habillé (ou plutôt déshabillé !) de manière suggestive.

On m'apporte la photo, mais je précise bien que je ne donnerai mon accord pour sa publication que si mes employeurs, à la télévision, me donnent, eux, le feu vert.

Et j'en parle donc à Jean-Louis Guillaud, qui s'en étrangle d'indignation.

– Mais Denise ! Je ne comprends même pas que vous me posiez la question ! Vous savez très bien que, si vous faites une chose pareille, c'est la porte aussitôt !

Je le rassure : je n'ai pas sérieusement pensé donner mon OK pour prêter mon visage au décolleté d'une autre.

Jean-Louis Guillaud hésite une seconde, puis demande :

– Je peux voir la photo ?

– Oui, mais... Je vous le répète, ce n'est pas moi...

Il fait comme s'il n'avait pas entendu et rétorque, songeur...

– Mais pourquoi portez-vous toujours des robes aussi strictes, Denise ? Vous avez un décolleté superbe !

Il n'a jamais voulu croire à l'histoire du montage !

– II –

DEUX SOLITAIRES DANS LA VILLE

Henri Verneuil et ses amis…
Jean-Paul Belmondo, Ludmilla Tcherina,
Lino Ventura, des foules en délire
et une histoire d'amour

Côté romance, après le divorce d'avec mon premier mari, je n'ai pas eu de liaisons importantes. Il me faut du temps pour me laisser apprivoiser, et la bagatelle pour la bagatelle me fait peur. Une aventure ratée, pour un homme, c'est une de plus à son tableau de chasse ; pour une femme, c'est juste une mésaventure. Je me suis fourvoyée quelquefois, et chaque fois j'ai ressenti une énorme déception. En fait, seules m'importent les rencontres qui ont un sens. Ma rencontre avec Henri Verneuil, en 1975, s'inscrit parmi celles-ci.

À cette époque, Henri termine l'écriture du *Casse*, qu'il doit tourner avec Jean-Paul Belmondo et Omar Sharif. Lors d'un dîner, nous faisons connaissance chez des relations communes. Il propose de me raccompagner. On discute pendant un long moment dans sa voiture. C'est amusant de profiter ainsi de l'abri du véhicule pour échanger des anecdotes sur nos métiers respectifs. Il me confie qu'il adore organiser des petits dîners entre amis chez lui. Il me demande mon numéro de téléphone. Je le lui donne, avec la ferme intention de me tenir sur mes gardes.

Sa réputation, la façon dont il traite les femmes m'effraient. Il me semble que cet homme les juge de façon un peu trop misogyne. Je n'accepte pas tout de suite de sortir avec lui. Il m'invite plusieurs fois mais je me défile. Quand on entre dans la vie de quelqu'un comme lui, on observe, on essaie de voir où l'on met les pieds. Or ce que je vois ne m'encourage guère. Non qu'il soit désagréable mais je ne me sens pas de taille. Toutes les filles, quelles qu'elles soient, rêvent de faire du cinéma. Dès qu'il en rencontre une, immédiatement celle-ci lui fait les yeux doux. Est-ce pour le rôle, ou pour le plaisir ? Peu importe, je me dis : « Bon sang, ces femmes sont toutes tellement plus jolies que moi, et savent tellement mieux jouer de la prunelle ! »

Bientôt Henri, de vingt-deux ans mon aîné, devine ce qui fait obstacle entre nous. Avec beaucoup de tact, il tente de me rassurer. Il connaît parfaitement bien les femmes, il sait ce dont elles sont capables pour obtenir un rôle. Il fréquente des comédiennes, il les fait tourner mais, sur le plan privé, elles ne l'intéressent pas beaucoup. Il les utilise, me confie-t-il. Avec ses actrices, me promet-il encore, il n'a aucune histoire. Je ne demande qu'à le croire : je suis tombée follement amoureuse.

Brillant conteur, compagnon plein de charme, Henri est aussi capable d'infiniment de délicatesse, de gentillesse et de douceur. Il a un vrai sens des valeurs. Je l'admire énormément. Incapable d'avoir une histoire qui ne soit pas un grand amour, je m'investis corps et âme.

Arménien d'origine, Henri habite avenue Bosquet, à quelques pas de la rue Cognacq-Jay, un appartement qui jouxte le studio où il a installé sa maman. Marié mais séparé de sa femme, père d'enfants encore petits, il veille avec soin sur sa famille, extrêmement importante à ses yeux.

Chaque fois que je suis à l'antenne, il vient me chercher. Et nous n'avons pas beaucoup de chemin à faire pour nous retrouver chez lui. Seulement « chez lui », c'est une maison ouverte ! Il s'est séparé de son épouse, certes, et garde son fils et sa fille, mais elle peut venir les voir quand elle veut. Ce qui part d'un noble sentiment et suppose de la part de chacun des ex-époux une grande tolérance et l'élégance à l'avenant. Mais qu'est-ce que je fais, moi, lors de ces visites impromptues ? La situation n'est pas très facile à gérer...

Notre première sortie officielle se déroule au Lido, lors d'une « première », justement. Aussi casanier que moi, mon compagnon n'aime guère s'exposer aux médias. En revanche, il adore les dîners avec les vrais amis. Ses proches, comme ceux de Jean-Paul, mon ex-mari, sont des puits de science. C'est un bonheur, et un enrichissement.

Chez Ludmilla Tcherina, danseuse étoile de l'Opéra de Paris et peintre de grand talent qu'Henri connaît depuis longtemps, nous passons des soirées à manger des spaghetti dans la cuisine... en parlant de problèmes de régime ! Très disciplinée, toujours impeccable, maquillée, une taille qu'on pourrait prendre entre ses mains, cette beauté souvent hiératique s'anime dans l'intimité et raconte avec verve ses péripéties de danseuse qui lui ont forgé le caractère. Aimant beaucoup rire, contrairement à ce que disent ceux qui prétendent qu'elle évite de le faire pour ne pas rider son visage, elle se montre très enjouée et une hôtesse parfaite. Curieux détail : chez elle, les rideaux, les tentures sur les murs, toute la décoration est noire.

Tard dans la nuit, elle nous rapporte ses conversations sur l'art avec André Malraux, alors ministre de la Culture. Celui-ci vient de quitter La Lanterne de Versailles (une demeure qui revient en général au Premier ministre et qui lui est allouée exceptionnellement par de Gaulle). Installé désormais à Verrières-le-Buisson chez Louise de Vilmorin, il exhorte Ludmilla à se consacrer à la peinture, ce qui est un sacré compliment lorsque l'on connaît l'aversion de cet esthète pour les amateurs...

*
**

Après avoir assisté à la préparation du *Casse*, produit par la Columbia, j'accompagne Henri et les acteurs, dont Jean-Paul Belmondo, aux États-Unis. À New York, la foule nous encercle, nous bouscule, manque de nous renverser. Dans tous les pays c'était pareil. Verneuil, c'était quand même des millions d'entrées, il était célébré partout. Ce jour-là encore, c'est de la folie ! On se tient tous la main pour ne pas se lâcher. Henri m'agrippe de toutes ses forces. Les gens poussent tellement... Soudain les mains se détachent, je tombe. Et les gens me marchent dessus ! Belmondo se fraie un chemin et vient à mon secours. Aussi populaire qu'Alain Delon mais très différent par son style, Bébel parvient à m'arracher à ce flot humain et à me faire franchir les barrières du service d'ordre.

D'autres premières se succèdent. Pour Henri, les organisateurs de ces soirées réservent les meilleures places. Lors d'un voyage à Rome, nous passons un week-end dans la maison d'Ennio Morricone, le compositeur de musiques de films à succès comme *Pour une poignée de dollars* ou *Il était une fois dans l'Ouest*, qui a écrit celle du *Casse*...

Puis nous retournons à New York, en compagnie de Belmondo, toujours, mais aussi de Lino Ventura. On dîne dans un petit restaurant de Little Italy, le quartier italien. Dès que l'on pénètre dans l'établissement, on est pris par l'ambiance. On se croirait dans un polar. On s'attend à voir surgir Marlon Brando déguisé en mafioso. Tous les clients ont le dos contre le mur. L'un d'entre nous m'explique que c'est pour éviter de se laisser surprendre par un indésirable. Le patron, un admirateur de Lino, nous bichonne et nous propose de nous faire escorter à notre sortie. Cela ne fait que rajouter à l'impression d'être dans un des repaires de Cosa Nostra. Sauf qu'on n'est pas au cinéma, on est dans la vraie vie... À force de baigner dans un climat de fiction, on ne fait plus la différence. La réalité dépasse l'imagination. C'est étrange, dépaysant.

Avec Lino Ventura, Henri parle boulot. Pendant les dîners, c'est toujours le métier qui l'emporte. Ils racontent une blague qui fait rire tout le monde, puis ils repartent sur les différents épisodes de leur prochaine aventure. Ventura et Verneuil se connaissent bien. Ensemble, ils pèsent lourd. Chacun de leurs films fait un tabac dans toutes les villes, c'est énorme.

Il faut dire qu'Henri s'investit – et investit – beaucoup dans ses longs métrages. Il a laissé une œuvre magistrale, dont *Mélodie en sous-sol* (1963), le film avec Gabin et Delon qui l'a révélé au grand public. Mais il a tourné aussi une trentaine de films dont *Le Serpent* (1972) pour les États-Unis, *Peur sur la ville* (1974), *Le Corps de mon ennemi* (1976), *I comme Icare* (1979), sans oublier *Le Clan des Siciliens* (1969) et les deux merveilles traitant de son enfance à Marseille, *Mayrig* (1991) et *588, rue Paradis*, en 1992.

*
**

Nous sommes restés ensemble environ trois ans. Trois ans d'attachement total mais qui n'ont pas pu déboucher sur un engagement plus durable.

Si Henri et moi avions fait notre vie ensemble, il aurait fallu que j'abandonne complètement mon métier, que je ne vive qu'avec lui et pour lui. Or je me suis vite rendu compte que ce n'était pas si simple. Notre différence d'âge ne constituait pas une sérieuse entrave : Henri me donnait des conseils, il me sécurisait. En revanche, sa situation familiale posait davantage de problèmes. Ses enfants étaient encore petits, son ex-femme possédait toujours les clés de l'appartement... Avec ma maman venue s'installer près de moi, je comprenais fort bien Henri, son sens de la famille et son amour pour ses enfants, mais ce n'était pas facile à vivre pour la nouvelle venue. Il faut beaucoup d'abnégation pour accepter cet état de fait.

La rupture avec cet homme si tendre s'est révélée difficile. Nous avons pris la décision ensemble.

⁂

Au moment de « Boléro », peu de temps avant sa disparition, j'ai revu Henri Verneuil. Je savais qu'il devait venir sur la Côte d'Azur pour présider le festival de télévision. Aussi, lors des réunions de préparation, j'ai dit à mon équipe que j'aimerais beaucoup l'inviter. Tout le monde s'est écrié que je ne l'aurais pas.

– Il n'accepte jamais, il ne veut plus parler de lui...

J'ai insisté :

– Demandez quand même, mentionnez que c'est pour Denise Fabre...

Aucune réponse pendant trois semaines. La productrice me pousse à choisir d'autres noms quand, un jour, mon assistante m'appelle pour m'apprendre que Verneuil vient de donner son accord.

Lors de nos retrouvailles publiques sur le tournage à Monte-Carlo, Henri me salue :

– Merci de m'avoir invité, chère Denise.

– Je vous en prie, mon cher Henri.

Pendant la séance de maquillage, il se montre plus chaleureux. Me souciant encore beaucoup de lui, j'en profite pour lui demander s'il est heureux. Mais Henri m'annonce, du désespoir plein les yeux, que son ex a quitté Paris en emmenant les enfants.

Sur le plateau où l'on se retrouve peu après, on reprend le ton des mondanités. Les gens ne savent pas qu'il y a eu quelque chose entre nous. Et nous, nous savons que la boucle de notre histoire commune est close, mais que demeure une infinie tendresse.

*
**

Dernièrement, une amie me racontait qu'elle cherchait une maison. Comme un agent immobilier la pressait de donner une réponse sur un bien en particulier, elle répondit qu'elle avait besoin de temps pour réfléchir. Si cette maison était vraiment pour elle, les autres acquéreurs ne la verraient même pas. Pourtant, il advint l'impensable. La maison fut retenue par quelqu'un d'autre. Mon amie coupa court à tout regret en concluant : « S'il en est ainsi, c'est qu'une plus belle m'attend ailleurs. »

C'est un peu ce qui s'est produit pour Verneuil et moi. Je lui étais profondément attachée. J'espérais une vie de famille mais il avait déjà la sienne, où je ne pouvais faire ma place. Ce manque d'accueil justifia mon manque d'audace. Je savais inconsciemment que ma vie n'était pas avec lui. Henri et moi avions la même conception du clan mais cela ne signifiait pas que nous devions la mettre en pratique ensemble. Mes promesses d'avenir se situaient ailleurs, là où je ne m'y attendais pas...

– III –

LA ROSE DE MITTERRAND

France Inter, Europe 1, Catherine Langeais et son éternel fiancé

Dès le milieu des années soixante, ma première expérience à France Inter m'a permis d'élargir la palette de mes compétences. Partant du principe que mon métier de speakerine risquait de s'arrêter à tout moment, je souhaitais avoir plusieurs cordes à mon arc, en particulier à la radio.

C'est un autre métier, la radio... Son exercice apporte plus de facilité, plus d'aisance que la télévision. N'avoir ni à se maquiller, ni à se coiffer, ni à apporter un soin particulier à sa tenue vestimentaire permet de se décontracter. Et comme j'ai soif d'apprendre, pendant deux ans, au lieu d'aller en vacances, je passe tout mon temps libre à faire des remplacements sur les ondes. On me confie des tournées d'été mais on me demande aussi d'animer des émissions où le public intervient en direct. J'adore ce contact, cette façon de dialoguer.

En 1976, je croise Jean-Luc Lagardère, le *big boss*. Il désire me prendre dans son équipe sur Europe 1...

Ayant donné une réponse affirmative, engagée sans même avoir fait un essai, je commence en plein mois d'août, histoire de m'habituer à ce changement de station. L'aventure va durer deux ans et demi.

À l'époque, Jean-Luc et moi fréquentons les mêmes sphères, Deauville, les haras, Chantilly. Parmi nos relations communes, je vois souvent Alicia, une amie qui a l'idée incongrue de tomber désespérément amoureuse de mon patron. Elle se conduit comme une véritable groupie : après avoir obtenu ses coordonnées téléphoniques, elle l'appelle nuit et jour. Cela n'a pas l'heur de plaire à l'intéressé, évidemment.

Un matin, Jean-Luc déboule dans le studio où je prépare mon émission, il ouvre la porte brutalement et demande aux techniciens, en me désignant :

– Elle en a pour longtemps ? Dites-lui de passer me voir quand elle aura fini.

Catastrophés, les copains me préviennent de l'imminence d'un drame. Imaginant le pire, je me rends à l'entrevue, me creusant les méninges pour savoir de quel couac professionnel j'ai pu me rendre coupable. Mais Jean-Luc me demande simplement d'intervenir auprès de ma copine pour qu'elle le laisse en paix.

J'obtempère. La fille se calme deux semaines, puis recommence. Elle le harcèle de nouveau, au téléphone, dans l'espoir de voir sa passion payée de retour, et Jean-Luc revient régulièrement se plaindre en régie. Si je suis en train d'interviewer une personnalité, il transmet à mes collègues ce message exaspéré :

– Que je sois en réunion ou pas, il faut que je la voie !

Chaque fois qu'il surgit ainsi, tout le monde croit que je suis virée. Chaque fois, entre les murs de son bureau, Lagardère m'implore de calmer l'insensée.

– Denise, faites quelque chose, me supplie-t-il. Empêchez-la de m'appeler à 2 heures du matin, je ne peux plus dormir !

L'équipe n'a jamais su pourquoi il venait me voir de façon aussi abrupte...

Il est vrai qu'à l'époque Jean-Luc vivait seul, avec son fils qu'il adorait et dont il s'occupait de manière attentive. De quoi nourrir les fantasmes de plus d'une...

Et puis un jour il a rencontré Betty, sa seconde épouse. Il a trouvé en elle la femme de sa vie, et réciproquement. Jusqu'à son décès, Jean-Luc se montrera pour elle le compagnon idéal. Leur alliance est un encouragement pour tous ceux qui désespèrent de jamais trouver l'amour...

*
**

Tandis que Valéry Giscard d'Estaing se trouve à la tête de la République, j'ai l'idée de faire venir des hommes politiques sur Europe 1 et de les faire parler de tout, sauf de leurs activités officielles. Georges Marchais, Jacques Chirac, François Mitterrand, Raymond Barre et bien d'autres se plient à la règle du jeu. Je me rappellerai toujours Georges Marchais entrant dans le studio avec un « bonjour, Denise, comment ça va ? » comme s'il me connaissait depuis toujours alors que je ne l'avais jamais vu... Et le même Georges tonitruant, alors qu'on lui posait une question politique :

– Ah non ! Vous savez bien que Denise Fabre ne veut pas qu'on fasse de politique ici !

Car mes invités répondent en direct aux questions des auditeurs et leur expliquent comment ils s'organisent, comment ils choisissent leurs costumes, ce qu'ils font le week-end... Je laisse le rôle de journaliste politique à Catherine Nay et à toute l'équipe rédactionnelle, qui débattent de sujets brûlants. Moi, les hommes politiques, je souhaite les présenter dans une approche plus familière.

Comme ils sont tous président de quelque chose, je les appelle tous « Monsieur le Président ». De cette façon je suis tranquille, je ne peux pas me tromper. Cela ajoute aussi un peu d'humour.

Alors maire de Paris, Jacques Chirac se montre très sympathique. À cette époque, je le trouve plus chaleureux dans la vie qu'à la télé.

Mitterrand, quant à lui, se révèle charmant, adorable. D'emblée, ce grand séducteur donne l'impression que vous êtes quelqu'un d'importance à ses yeux. Pourtant, le jour de notre rencontre, j'ai du mal à me concentrer. J'ai pour lui un message personnel. En effet, ayant pris connaissance du planning de mes invités sur Europe, Catherine Langeais est venue me voir à Cognacq-Jay et m'a dit, le plus naturellement du monde :

– Denise, demandez à François pourquoi je n'ai pas reçu ma rose rouge, comme chaque année, à la date anniversaire de nos fiançailles...

Je savais que Catherine et François Mitterrand avaient été fiancés, mais j'ignorais tout de cette touchante tradition de la rose annuelle entre eux. En plus, entendre la « froide » Catherine me faire entrer ainsi dans son intimité me sidérait. Sans compter que sa demande, si elle semblait lui paraître anodine, me laissait plus que perplexe. Aller demander au grand chef de l'opposition d'envoyer des fleurs à son ancien amour : ben voyons ! rien de plus facile...

À la fin de l'émission, je tourne dans tous les sens. Autour de Mitterrand, son équipe du PS fait bloc. Enfin je m'approche jusqu'à le toucher et lui souffle :

– Monsieur le Président, j'aimerais juste vous dire un petit mot en particulier.

Immédiatement, tout le monde fait un pas en arrière. En une seconde, j'ai l'impression que leurs oreilles s'élargissent et s'apprêtent à devenir des super sonars. Sans faillir, je transmets discrètement le message de son ancienne fiancée au futur président... de la République. Complice, Mitterrand me sourit et murmure :

– C'est la première fois depuis trente ans que je commets cette étourderie. Ne lui dites rien, je lui envoie sa rose dès aujourd'hui.

Chose absolument extraordinaire, lui et moi devenons par la suite assez amis. Il m'aime bien. On se revoit à diverses occasions, il prend de mes nouvelles, il m'envoie des cartes postales. Un jour, même, il m'appelle pour savoir si je l'ai vu lors d'un débat télévisé. Il aimerait que je lui dise comment je l'ai trouvé.

À d'autres moments, il me téléphone afin que je le conseille pour mieux passer à l'écran. Il m'invite, en quelque sorte, à jouer un peu son coach privé. Qui aurait résisté ? C'est d'autant plus flatteur qu'il possède déjà l'envergure d'un homme d'État.

Des hommes politiques que j'ai vus à l'époque, il est resté le plus fidèle.

*
**

Lagardère, lui aussi, est un homme exceptionnel. C'est même un sacré patron. Je l'adore. Mais je suis crevée ! Je termine Europe à 11 h 55, j'ai juste le temps de prendre ma voiture pour foncer de la rue François-Ier à Cognacq-Jay où je fais ma première annonce sur TF1 à 12 h 15. C'est la cavalcade. Parfois même la catastrophe... Pour cette raison, au bout de deux ans et demi, je ne cherche pas à faire renouveler mon contrat. En tout cas, c'est la version officielle. J'en ai une beaucoup plus officieuse. Mais c'est encore un secret...

En fait, si j'ai laissé mon créneau horaire à Stéphane Collaro, je n'ai pas quitté Europe 1 pour autant. J'occupe désormais la tranche de 9 à 11 heures, qui me laisse plus de temps pour rejoindre ensuite Cognacq-Jay. À cette heure-là, je ne reçois pas de politiques mais des personnalités plus éclectiques...

Et c'est dans ces circonstances que je fais la connaissance de l'homme qui va bouleverser ma vie.

– IV –

LA VIE DE FAMILLE, ENFIN !

Un mariage surmédiatisé, des jumelles vedettes, de la gastronomie et l'amour en plus...

Ce matin-là, j'attends Gaston Lenôtre, le cuisinier célèbre pour son restaurant au bois de Boulogne et ses produits gourmets vendus dans une chaîne de magasins qui rivalisent avec ceux d'Hédiard. Nous avons pour projet de réaliser une rubrique où il livrera ses recettes tous les vendredis.

Connu pour avoir toujours beaucoup de retard, M. Lenôtre montre dès le premier rendez-vous qu'il n'usurpe en rien sa réputation. Il se fait désirer. Toute l'équipe s'impatiente. Il finit par arriver vers 14 h 30 alors que nous sommes tous morts de faim dans le studio. Un comble pour un maître queux...

Pour se faire pardonner, Lenôtre fait de l'esprit et m'annonce qu'il a amené son bras droit, un pâtissier et un cuisinier hors pair, Francis Vandenhende, qui va me faire tout oublier tant il est bon.

Dans l'état de fureur où je me trouve, ce genre

d'excuse ne saurait me satisfaire. Se croyant drôle, le grand restaurateur en rajoute :

– En plus, Francis plaît beaucoup aux femmes.

Intérieurement, je grommelle : « Je me fiche des beaux gosses qui plaisent aux femmes. J'en rencontre tous les jours. Ce n'est pas le dauphin de monsieur Gaston Lenôtre qui va me faire tourner la tête... Quels prétentieux ! » Et me voilà prête à prendre en grippe les deux hommes.

Dès la séance de travail suivante, Lenôtre ne vient plus à la radio et se fait remplacer par Francis qui arrive très décontracté, le sourire qui plaît, genre tombeur de ces dames, tout ce que je déteste. Je me dis : « Toi, mon vieux, tu vas voir ! » Et je me conduis illico comme une vraie garce, en faisant exactement tout ce qu'il ne faut pas faire avec des invités. D'abord, je demande à Vandenhende s'il n'a pas le trac. Non, vraiment ? J'insiste :

– Vous êtes formidable ! Quand on pense que des centaines de milliers de gens vont vous écouter...

Grâce à mes insinuations perfides, je le vois dépérir à vue d'œil. Au moment de prendre l'antenne, je l'avertis :

– Maintenant, faites attention, marquez bien la ponctuation, ne bredouillez pas...

En vraie peste qui enfreint les règles du savoir-vivre et les lois qui régissent son métier, je fais tout pour déstabiliser ce roc de sérénité. Bien entendu, j'y parviens. C'est malin ! En fermant le micro, Francis se désole sur sa mauvaise prestation. Insensible et très hypocrite, je réponds :

– Vous ferez mieux la prochaine fois, c'est un métier qui s'apprend mais vous ne manquez pas d'assurance, vous allez y arriver.

Pendant au moins trois semaines, je ne le lâche pas. Et puis un matin il débarque, la mine déconfite, le moral en berne et me demande :

– Pouvez-vous m'aider ? Je me suis réécouté, je suis nul...

Comme il devient accessible au commun des mortelles, je décide de l'épauler. À la fin de l'émission, il m'invite à dîner. D'autres sorties suivent. On commence à se connaître.

Flamand d'origine, Normand de Pont-Audemer, employé mitron dès l'âge de quatorze ans, Francis a gravi très vite les échelons qui ont fait de lui un grand professionnel. Devenu proche collaborateur de Gaston Lenôtre, il côtoie régulièrement la fine fleur des trois étoiles et participe aux grandes croisières gastronomiques. Avec son maître et patron, il voyage en première, visite les îles lointaines et se fait un nom. Comme moi, enfant de pauvres, il vit par sa vie professionnelle une existence de gosse de riches. Cela nous rapproche.

Bientôt, Francis me parle plus intimement de lui. Incontestablement, nous partageons les mêmes valeurs familiales... Quand je le présente à maman, il fait sa conquête. Il n'en faut pas plus pour que je m'avoue être séduite à mon tour. Nous avons le même âge, nous avons chacun fait un bout de chemin l'un sans l'autre, nous possédons des caractères assez affirmés. À trente-quatre ans, je ne recherche plus quelqu'un qui me protège. J'ai envie de foncer, Francis également. Quelques semaines plus tard, nous décidons de nous marier, de fonder une famille et d'avoir des enfants.

*
**

La date du grand jour est fixée au 14 avril 1978. À l'instar de tous les amoureux du monde, nous nous empressons pour remplir une multitude de formalités. Nous rencontrons le père Yelli, le curé de Saint-Ferdinand, dans le XVIIe arrondissement de Paris, qui nous déconcerte en nous demandant si nous souhaitons vraiment concrétiser notre projet.

– Avec vos métiers, vous avez beaucoup de tentations. Êtes-vous sûrs de vous ? Se marier est un engagement devant Dieu. Vous feriez mieux de vivre ensemble et de voir...

En fait, il nous pousse à réfléchir et à nous conforter dans notre choix.

Cet homme charmant est par la suite resté un ami. Il va baptiser nos enfants, les accompagner lors de leur première communion et nous suivre à chaque étape. Aujourd'hui, il a plus de quatre-vingt-cinq ans. J'ai encore déjeuné avec lui il n'y a pas très longtemps...

Nous avons souhaité un mariage discret. Le matin, à la mairie de Neuilly, Achille Peretti officie et nous adresse un discours très gentil, assez paternel. Ensuite, après un déjeuner strictement réservé à nos proches, nous quittons la table vers 15 heures afin de nous unir selon la tradition catholique.

Mais là, surprise ! Devant Saint-Ferdinand, c'est l'émeute ! Les alentours sont bondés. Une foule a envahi l'église et les rues avoisinantes. Les photographes et les cameramen font le guet. Contrairement à ce que je croyais, nos noces sont l'objet des convoitises médiatiques.

Habillée d'une robe mi-longue couleur champagne de chez Chloé, je me retrouve poussée par mon escorte vers la sacristie afin de pénétrer dans le lieu saint avec toute la discrétion requise.

Mais là, autre surprise ! Un ami m'attend en embuscade. Il s'agit de Jean Barthet, le chapelier attitré de Sophia Loren et des grands de ce monde, le créateur des couvre-chefs au chic fou. Sous des dehors mondains très parisiens, Jean possède un cœur gros comme une maison. Je l'ai vérifié maintes fois...

Cet amour d'homme m'explique qu'il m'attend pour vérifier ma coiffe. Comme je n'en porte pas, il s'en offusque et me sort d'un superbe emballage le cadeau du jour : un voile délicatement brodé qu'il a confectionné à mon intention. Il enlève les fleurs que j'ai mises dans mes cheveux, ajuste la coiffe et le voile : j'ai enfin l'air, à ses yeux, d'une vraie mariée.

Nous pénétrons enfin dans l'église saturée de téléspectateurs, de visiteurs multiples, gens de la presse en tête. Sur le plan humain, c'est formidable de se voir ainsi soutenus et plébiscités. Sur le plan pratique, ça provoque un peu la pagaille.

Sans tarder, le père Yelli interdit les photographies, les films, et nous rappelle la solennité de l'instant :

– Nous ne sommes pas ici à un *show* mais dans la maison de Dieu pour unir deux êtres qui s'aiment !

Cependant, malgré les imprévus et les rappels à l'ordre, la cérémonie se poursuit sans heurt. Et me voici bientôt Mme Vandenhende.

À la sortie de l'église, on se propulse de nouveau en pleine foule. Se frayer un chemin relève du tour de force. C'est fou. Jamais auparavant je n'ai connu cela ! Je prends conscience de la puissance de la télévision qui a fait de moi une célébrité. Cela me sera d'ailleurs confirmé ultérieurement. À la naissance de nos enfants, à chaque étape importante de notre vie, le public nous soutiendra et nous prouvera son affection. Cela m'épate encore.

En tout cas cette première émeute grave en mon cœur un souvenir indélébile. Bien que déconcertantes, ces démonstrations me touchent profondément.

La journée se poursuit dans les festivités, dont la plus conviviale se passe au Pré-Catelan, le restaurant de Gaston Lenôtre, où chacun peut se régaler d'un excellent cocktail dînatoire.

Pour ma part, ma joie est à son comble. Ma mère nous réchauffe de sa présence. Je découvre aussi la (nombreuse) famille de Francis, ses parents qui marchent vers leurs noces d'or, ses sœurs, son frère Régis. Parmi les invités, Tino Rossi, sa femme Lily et son fils Laurent nous entourent de leur amitié. J'ai encore une photo où on est tous à table, ensemble, unis par la même allégresse.

*
**

Peu de temps après notre voyage de noces, qui s'est déroulé en quatre étapes entre les Antilles et le Maroc, Francis quitte le Pré-Catelan et s'installe à son compte. Secondé par son frère Régis, il ouvre La Ferme Saint-Simon, près de l'Assemblée nationale.

Le 14 avril 1980, soit deux ans jour pour jour après notre mariage, naissent nos petites filles adorées : Élodie et Olivia.

De nouveau, la famille Fabre-Vandenhende se retrouve confrontée à une émeute sur les trottoirs de la clinique où je viens d'accoucher.

Cet accouchement marque une grande victoire. En effet, ma grossesse ne s'est pas déroulée sans difficultés. Fragilisée par une première fausse couche extrêmement traumatisante, j'ai dû suivre à la lettre les conseils de mon médecin. Alitée durant de longs mois, il m'a fallu dompter ma nature si active, ronger mon frein, m'astreindre au repos. Cela dit, j'étais prête à faire bien d'autres « sacrifices ». Ces deux chéries que j'attendais étaient si précieuses à mes yeux que j'aurais accompli n'importe quoi pour les mener à terme.

Le fait d'avoir des enfants assez tardivement et de les avoir tant désirées me conforte dans la décision de profiter au maximum du bonheur de devenir maman. Je vais m'organiser différemment. D'autres diraient que je vais mettre ma carrière en sourdine. Toujours est-il que je fais des choix, et ce toujours en privilégiant ma vie de famille et mes bouts de chou.

En attendant, il me faut affronter les médias.

À peine ai-je accouché et réintégré ma chambre que mon ami présentateur du JT sur TF1, Yves Mourousi, m'appelle au téléphone pour avoir l'exclusivité. Impossible de refuser ! L'équipe du journal de 13 heures déboule dans notre chambre, accompagnée d'un maquilleur et d'un coiffeur. J'en ai grand besoin, je ne suis pas très fraîche... Puis je passe en direct, je fais « l'ouverture », la une comme diraient ceux de la presse écrite.

Le reportage terminé, le médecin surgit et me crie, en proie à une terrible fureur :

– Vous allez le payer cher, madame, vous devez vous reposer !

Le praticien a raison. Je le paye cher. D'une belle petite déprime. Comme des milliers de femmes, me voilà atteinte du *baby blues*...

Mais qu'importe ! Pour ma part j'ai décroché la lune, ce que je considère comme l'essentiel de ma vie. Brutalement, du jour au lendemain, je change du tout au tout. Mon emploi du temps se limite à la maison, Cognacq-Jay et le restaurant. Désormais mon univers s'arrête là. Fini la radio !

Aidée par maman qui supervise l'intendance de la maison, je m'occupe de mes filles et je le ferai jusqu'à ce qu'elles aient l'âge de voler de leurs propres ailes.

Aujourd'hui, soit vingt-quatre ans plus tard, Olivia et Élodie terminent leur cursus universitaire. Élodie vient de se présenter au barreau de New York et commencera bientôt à travailler dans un cabinet d'avocats. Olivia, pour sa part, a poursuivi des études à la Sorbonne. Elle écrit un mémoire en sciences de l'information et de la communication traitant de la violence des images télévisées. Afin de mener à bien son enquête, elle aussi est partie aux États-Unis. Que ce soit d'un côté ou de l'autre de l'Atlantique, on se voit souvent, on garde des liens très forts.

*
**

Cela valait vraiment la peine d'attendre. Francis et moi, nous menons notre barque avec dynamisme. Nous nous soutenons mutuellement. Pendant un temps, sur TF1, nous avons même animé ensemble une émission : « Chéri, qu'est-ce qu'on mange aujourd'hui ? » Et depuis, nous signons conjointement deux pages « cuisine » dans *Télé-Poche*. Francis a fait l'acquisition d'autres restaurants et même d'une pâtisserie, puis il s'en est séparé. Avec les ans, on aspire tous à plus de simplicité. La Ferme, comme on l'appelle entre nous, marche bien. Francis est secondé par son frère Régis et son ami d'enfance Gérard. On y reçoit toujours des hôtes prestigieux qui se régalent, dans un cadre agréable, des merveilleux plats que mitonne mon époux.

Les grands événements de ma vie m'ont permis de réaliser combien, par ses démonstrations, le public me tenait en son estime. C'est un sentiment dont je ne soupçonnais pas l'ampleur. Les lettres, les témoignages d'amitié que je reçois me font toujours énormément de bien. C'est ça, la magie de ma trajectoire : j'ai été très aimée. Cela n'a pas compensé ce qui m'a manqué, mais ces marques d'affection m'ont donné l'envie d'exister afin de mieux aimer moi aussi en retour.

– V –

SOUVENIRS EN VRAC

François Mitterrand, Julio Iglesias, Thierry Le Luron, Jacques Médecin, Michel Drucker, Willy Guiboud et la fausse fiancée de Robert Redford

Une fois mariée et mère de famille, même si j'ai « réduit la voilure », je continue mon métier. Sur un rythme moins intensif, certes, mais avec toujours autant de passion. Les amitiés se consolident. Je pense surtout à celle que j'entretiens avec Dany et Michel Drucker, le parrain de l'une de nos filles.

La Ferme Saint-Simon devient un point de ralliement. Nous nous y retrouvons entre gens du spectacle après le travail. Certaines soirées en compagnie de Johnny, Julio Iglesias et Michel Drucker se révèlent fort animées.

Au contraire d'une majorité de personnes de la profession, je n'appartiens à aucune bande, aucune chapelle. Je fais cavalier seul. À tort ou à raison, à l'heure où les maisons de production se montent à foison, je continue d'œuvrer à l'ancienne, je préfère que l'on m'emploie. Je ne veux pas m'empoisonner la vie avec des soucis de gestion d'entreprise.

Chemin faisant, mes fonctions à TF1 se diversifient. Les speakerines ne remplissant plus un rôle prépondérant, j'accepte d'autres contrats. Ainsi, un soir, je me retrouve sur un yacht au large de l'Angleterre pour animer un cocktail en l'honneur d'un événement sportif. À bord je croise nombre de VIP, de stars, de représentants de la *jet-set*. Tout un avion vient d'arriver de Paris pour honorer cette fête...

Lors de la soirée, alors que je descends me repoudrer le nez, j'entends un dénommé Max – que je connais bien – faire un chantage à Lydia, une de mes copines. Celle-ci est amoureuse et refuse de « s'amuser » avec un copain de Max. La dispute monte. Il la menace. Le malotru prétend qu'il va aller raconter sa vie à son fiancé si elle ne lui obéit pas. C'est trop fort !

Sortant des toilettes, j'attrape Lydia par le bras puis je m'adresse à ce sinistre personnage :

– Si tu as le malheur de dire un seul mot, je te balance à la presse.

Est-ce que les jeunes qui se prêtent à toutes sortes de compromissions peuvent comprendre à quoi ils s'exposent ? Pendant une époque, Lydia était sortie avec Max et ses copains. C'est comme ça qu'il la tenait. En souvenir du bon vieux temps, il ne voulait plus la lâcher et projetait de la repasser à ses acolytes comme un jouet. C'est inacceptable. Mais cela n'est pas rare dans un certain milieu dépravé que je fuis.

Je n'ai pas besoin de passer d'alcôve en alcôve pour savourer les plaisirs magiques que me procure mon métier. Grâce à lui, j'ai vécu des années comme une gosse de riches, et j'ai adoré. C'est vrai, quand j'arrive à Monte-Carlo, que je prends l'hélico, que je m'installe sur la terrasse de ma chambre à l'hôtel Hermitage en appelant le *room service* afin de boire un verre de « boisson à bulles » devant le port de Monaco tout illuminé, j'en profite : je trouve ça magnifique. Quand je participe à des émissions pour rencontrer les plus grandes stars, que l'on me prête des robes somptueuses, des bijoux superbes afin d'apparaître à l'écran comme une reine, j'en profite : je trouve ça magnifique. Mais je n'en perds pas mon âme pour autant.

Ni mon sens de l'humour ! À preuve cette histoire édifiante... Un soir, je séjourne à l'hôtel de Paris pour présenter un gala à la demande de la Principauté. Ayant accumulé du retard à cause de l'avion, je prends une douche rapidement. J'attends maquilleur et coiffeur. On frappe à la porte. Vêtue d'un peignoir, je vais ouvrir. Deux hommes entrent alors de façon assez théâtrale, me regardent de la tête aux pieds puis s'asseyent. Je suppose qu'ils vont me mettre en beauté.

Cinq minutes se passent ainsi. Ne les voyant pas s'activer, je leur dis :

– Vous pourriez peut-être vous dépêcher !

Ils ne bougent pas d'un pouce. Je réitère ma question. Ils me toisent alors sans aménité et me demandent en italien :

– *Ma dov'è e la star ?*

Mais enfin zut ! La star c'est moi, en l'occurrence ! Je m'apprête à l'expliquer à ces deux imbéciles quand on frappe à la porte. Une personne de la réception apparaît à l'entrée de ma suite et se confond en excuses :

– Désolée, on vous a mal aiguillés... Madame Claudia Cardinale est dans la chambre au bout du couloir.

Sans un mot, sans un regard pour la pauvre chose que je suis à leurs yeux, ils filent retrouver leur vedette.

Quand je vous disais qu'il faut toujours se rappeler que ce n'est pas parce qu'on reçoit les grands, à la télé ou à la radio, qu'on fait partie de leur monde !

*
**

Lorsque Francis a ouvert La Ferme Saint-Simon, François Mitterrand a pris l'habitude de venir y dîner, souvent d'ailleurs après l'Assemblée. Quand son emploi du temps le lui permet, il m'attend. Francis s'amuse à me taquiner sur notre prétendue idylle. Mon mari serait-il jaloux ?

Un jour de vacances, en tout cas, il s'est montré suspicieux. L'incident survient alors que je rejoins Julio Iglesias en tournée afin de l'interviewer. Mon mari et mes filles m'accompagnent. Pour les besoins d'une séance de photos, il me faut changer de robe. Notre chanteur me propose alors de le suivre dans sa suite. Tandis que ma famille nous attend dans le hall du palace, nous voici donc partis...

Une retouche de maquillage plus tard, Julio et moi redescendons par l'ascenseur quand une fille splendide s'approche de l'idole. Sans se préoccuper le moins du monde de ma présence – à se demander même si je ne suis pas devenue invisible –, cette jeune personne s'adresse à Julio en roucoulant :

– Mon fiancé est en bas et m'attend, mais dites seulement un mot et je quitte tout pour vous suivre !

Julio la regarde au plus profond des yeux, lui caresse la joue et répond :

– C'est adorable mais je n'en vaux pas la peine.

Les portes de l'ascenseur s'ouvrent. La belle s'élance alors vers son fiancé et lui tombe dans les bras comme si de rien n'était. À mon tour, j'aperçois Francis et me précipite pour lui raconter la scène à laquelle je viens d'assister quand je remarque son air sombre.

– Vous en avez mis, du temps ! grogne-t-il.

Très chevaleresque, Julio intervient et explique que les aléas de son métier nous ont retardés. La camaraderie masculine l'emporte sur les soupçons... Des soupçons ! Au fond de lui, Francis sait pourtant bien que ce genre de question ne se pose pas entre nous.

*
**

Francis et moi nous rendons un soir au théâtre Marigny pour applaudir Thierry Le Luron. Comme toujours, Thierry se montre on ne peut plus drôle. Tandis qu'il m'imite sur scène, à côté de nous, dans la salle, un homme rit à gorge déployée. Je vois sa femme lui donner des coups de coude pour l'avertir de ma présence. Du coup il n'ose plus se divertir de crainte que je le prenne mal. Quand le spectacle se termine, il se tourne vers moi et s'excuse :

– Madame, je ne me moquais pas de vous, mais c'était tellement drôle que je ne pouvais pas me retenir !

Objection reçue. Ne pas pouvoir se retenir de rire, voilà une chose que je peux comprendre...

Quelques mois avant qu'il ne meure, je rencontre Thierry dans un avion et il me dit :

– Je t'en prépare une...

– Attention ! Pense à mes enfants !

– Ne t'inquiète pas, mais je t'en prépare une dont tu vas me dire des nouvelles.

Génial, un talent fou, très attachant malgré ses impertinences, Thierry m'en a vraiment fait voir de toutes les couleurs. Au départ, on dira ce qu'on voudra, ses imitations étaient quand même très osées ! Mais comme il me le disait : « Il y a tellement de gens qui voudraient se trouver dans ma galerie de portraits qu'ils accepteraient de payer pour ça ! » Pourquoi me serais-je plainte ? En définitive, c'était une gloire d'être imitée par lui...

*
**

Lorsque je fréquentais la bande de la Victorine et du peintre Moretti, il nous arrivait de prendre des pots avec Jacques Médecin, alors journaliste à *Nice-Matin*. Le père de Jacques était le maire de la ville, à l'époque. Pour la petite histoire, c'est Médecin père qui a remis à mon grand-père Paul ses distinctions militaires. Toutes deux de vieille souche niçoise, les familles Médecin et Truchi s'appréciaient. Puis le fils est devenu maire à son tour. Lui aussi me connaissait depuis mon enfance.

Ensuite, j'ai traversé une période où je ne suis plus redescendue sur Nice. De temps en temps, le conseil municipal me conviait néanmoins à parrainer une bataille de fleurs et Jacques Médecin m'invitait à séjourner au Négresco. Nos relations étaient amicales, je le considérais comme quelqu'un de la famille.

Un jour, cet homme que j'estime a rencontré des problèmes avec la justice. Par définition, quand les gens de la famille ont commis des erreurs, on ne les laisse pas tomber. Quoi qu'ils aient fait, c'est à la justice de trancher, pas à nous. Et lorsque Médecin fils est condamné à la prison, il demeure mon ami. Tout comme Jean, qui lui était si proche, demeurera à tout jamais mon frère.

À sa sortie de l'établissement pénitentiaire de Grenoble, Jacques vient à Paris. Il prend une chambre dans un petit hôtel près du restaurant de mon mari, qui aime promouvoir la cuisine niçoise à son menu.

Aussitôt, alors qu'il est déjà 1 heure du matin, l'ancien maire de Nice tient à dîner chez nous. À cette heure-là, l'établissement s'apprête à fermer. Mais, déboussolé par des mois de réclusion, notre ami n'y prend pas garde et commande une pissaladière.

Devant le refus du maître d'hôtel, il demande à me parler. Pour ne pas faire d'esclandre, ce garçon me téléphone. S'ensuit un dialogue de fous :

– Madame, quelqu'un exige une pissaladière...

– Attendez, c'est un malade ! Vous êtes en train de fermer la maison, vous refusez.

– Mais il paraît que c'est un de vos amis...

– Ami ou pas ami, à 1 heure du matin, pour la pissaladière, c'est non.

– Madame, il insiste pour vous parler...

Soudain, j'entends la voix de Jacques qui tonitrue à l'autre bout du fil. Je me mets à crier à mon tour :

– Attends, j'arrive tout de suite !

Et l'on passe la nuit à refaire le monde. Flamboyant comme maire de Nice, Jacques Médecin était un être supérieurement intelligent que j'aimais de tout mon cœur. J'aurais passé des heures à l'écouter.

À l'aube, avant qu'on ne se sépare sur le trottoir, il me demande quelque chose de bouleversant. Il me prend le bras et m'entraîne pour que l'on traverse la rue. Une fois, deux fois, trois fois, quatre fois...

– Tu comprends, m'explique-t-il, ça fait des mois que je n'ai pas fait ça.

*
**

Dans un restaurant, on est parfois amené à recevoir de drôles d'énergumènes, mâles ou femelles...

Un soir, l'une de mes amies nous amène la fiancée de Robert Redford. J'adore Redford ! Quelle chance elle a ! Il est vrai que c'est une fort jolie femme, et qui parle avec tant de chaleur de son « amoureux », de la vie qu'ils ont aux États-Unis, de leurs voyages... Je ne perds pas une miette de ses confidences, subjuguée. Du coup, nous invitons les deux jeunes personnes à dîner, et la fiancée de mon idole nous promet de venir avec lui, bientôt, dans nos murs.

Durant plusieurs mois, dès que j'ouvre un magazine, je découvre une photo de la belle au côté de mon héros préféré. Puis je lis dans un hebdomadaire que Redford l'attaque en justice : sa prétendue romance avec elle n'a jamais existé. En fait, la demoiselle a réussi un nombre incalculable de fois à se glisser près de la star tandis qu'un de ses complices les prenait en photo. Elle essayait de se retrouver dans des soirées avec lui aux États-Unis ; elle le suivait partout. Il suffisait qu'elle soit juste derrière lui ou à côté de lui, avec un mouvement de la tête ou une attitude bien étudiée, et on aurait juré qu'ils étaient ensemble !

Redford a laissé faire... jusqu'au moment où il en a eu plus qu'assez. Mademoiselle la fiancée de Monsieur était reçue, à ce titre, par le Gotha et en toutes circonstances. Un culot monstre !

Ce monde-là est vraiment infesté de gens tordus, à qui le vedettariat inspire les pires filouteries...

Par chance, il existe de vrais gentils. Michel Drucker compte parmi ceux-là. Ce bosseur à qui Dany, sa femme, apporte beaucoup a atteint une sorte de maturité qui l'incite à vivre son succès avec sagesse. Comme il l'avoue parfois, il lui arrive encore d'avoir le trac mais il possède un tel professionnalisme qu'il peut le surmonter. Extraordinaire, guidant les uns et les autres, il n'hésite jamais à aider son prochain. Sa société de production tourne bien, il a réussi mais il demeure disponible. Lui et Dany n'ont jamais oublié le Noël des enfants. Au moindre problème, je l'appelle et il me donne toujours le conseil du juste.

Il en est de même pour Pierre Pasquini, pour Willy Guiboud, mon ancien mentor de *France-Soir*, et pour Pierre Giulieri, grand spécialiste du droit immobilier, le fils de mon cousin Francis – et par conséquent le petit-fils de tante Émilie, chez qui nous allions déjeuner le dimanche. Quand je les interroge sur le travail ou sur des sujets d'ordre plus intime, je sais que leur avis sera le bon. J'ai confiance en eux, ils ne se trompent jamais. Après tant d'années, cela fait sacrément plaisir. La vie m'a aussi apporté la joie de cultiver des amitiés de cette qualité.

– VI –

« BOLÉRO »

Madeleine Chapsal, Lio, Alain Delon, les Grimaldi : Vive la Principauté !

Les années passent... En 1990-1991, à la fin du règne des speakerines, TF1 me propose d'entrer dans l'équipe des relations publiques de la chaîne. Pendant quelques mois, je fais donc plusieurs voyages pour encadrer les VIP, notamment à Bari, en Italie, à l'occasion d'une finale de la coupe d'Europe des clubs champions de football qui oppose Marseille à Belgrade.

On arrive avec nos invités. Avion privé. Grand jeu et tout le tremblement comme TF1 sait le faire. Au moment d'entrer dans le stade, les Marseillais se déchaînent en regardant vers moi. Toute ma direction me regarde à son tour, épatée. Moi je n'y comprends rien. Je suis une Méditerranéenne, bien sûr, et assez connue. Mais de là à susciter un pareil engouement... D'instinct, je me retourne. Et je découvre, là, celle à qui sont destinés tous ces vivats : la vedette italienne du moment, la Cicciolina en personne !

Ainsi, sous différentes casquettes et autant de coiffures, je défends toujours les couleurs de TF1. Néanmoins, un beau matin de 1994, je fais mes adieux à la chaîne après trente ans de bons et loyaux services à la télévision nationale. Vient un moment où il faut se séparer.

Malgré les bonnes raisons dont j'essaie de me convaincre, j'éprouve un chagrin fou. Pendant longtemps, je ne retourne pas dans les locaux de cette entreprise. J'opère une rupture complète. Si je dois passer vers la rue Cognacq-Jay ou à Boulogne, je m'applique à faire un détour pour ne pas voir les lieux que j'ai tant aimés... C'est trop fort, trop passionnel. TF1 est ma maison et je n'y ai plus ma place.

Parallèlement à ces adieux déchirants, avec l'autorisation d'Étienne Mougeotte je commence à animer, sur Télé Monte-Carlo, « Boléro », une nouvelle émission spécialement conçue pour moi par Michel Thoulouze (le directeur général adjoint du développement de Canal +).

J'ai déjà expliqué le concept de « Boléro » : il s'agit désormais pour moi de présenter un *talk-show* au cours duquel je reçois les plus grandes stars pour les faire parler de leur vie, de leurs amours, de leur couple, de leurs enfants...

Aidée par une équipe formidable – Paule et plus tard Élisabeth, les productrices déléguées ; Danièle, une excellente assistante et Sophie, ma réalisatrice –, je me mets au travail. Ensemble, nous décidons des invités et du conducteur. Puis, à l'aide d'une documentation conséquente, à moi de préparer mon interview qui va se dérouler pendant plus d'une heure dans la plus stricte intimité.

Pour « Boléro », on ne fait qu'une seule prise, dans les conditions du direct, mais le montage donne quand même une certaine marge de manœuvre. Cette formule permet de détendre les invités et d'atteindre mon objectif : celui de les mettre en valeur et de faire rêver le public à travers l'existence d'une pléiade de célébrités.

Se succèdent Nadine de Rothschild, le prince Michel de Grèce, Roger Moore, Micheline Connery (l'épouse de Sean, d'origine niçoise comme moi !), Joan Collins, Alain Afflelou, Pierre Arditi, André Dussollier, Pierre Palmade, Inès de La Fressange, Philippe Lavil, soit plus d'une vingtaine d'invités par an, que je rencontre dans des palaces de rêve situés entre Saint-Tropez et Monaco...

Heureuse d'avoir renoué avec la chaîne de mes débuts, je côtoie des gens fabuleux qui nous livrent leurs secrets. Ainsi Madeleine Chapsal : j'ai lu la plupart de ses ouvrages quand je me retrouve face à elle dans le cadre de l'émission. Très intimidée, je pose mes questions comme si j'allais me jeter du haut d'une falaise. Mais le courant passe. Madeleine parle bien. Elle est généreuse et donne beaucoup à son interlocuteur. Elle surenchérit aisément. À l'évocation de *La Maison de jade*, elle fait carrément le lien entre le roman et sa propre vie. Elle a le don de mettre par écrit ses peines, ses chagrins, et ses déchirures. Quand on lit sa prose, on se retrouve à travers elle.

Pour faire découvrir un invité, lui permettre de se livrer, j'ai besoin de la spontanéité de l'instant. Je ne veux pas discuter ni recueillir de confidences avant le tournage, sinon, à l'antenne, j'éprouve le sentiment de me répéter.

Une seule fois, j'ai failli à cette règle en cédant à la pression de Fabrice, un ancien collègue de la radio, le fils de René Simon, le professeur du fameux cours d'art dramatique. Balayant mes arguments, Fabrice a exigé affectueusement que l'on dîne ensemble dès son arrivée mais m'a promis de ne pas aborder les thèmes que nous pourrions traiter dans l'émission.

Pourtant ça ne rate pas. L'inévitable se produit... Il parle de ce qu'il va dire le lendemain ! Dans la nuit, compte tenu de cette conversation, je refais mon conducteur. Dorénavant, je dois attaquer l'émission sous un angle différent.

Le lendemain, je démarre sur ce que mon vieil ami m'a confié la veille mais il reste sans réaction : il me l'a déjà raconté, ça ne l'intéresse plus ! Je repars sur un chemin de traverse en me disant qu'il va saisir la perche, rien ! On reste en carafe... Comme quoi, il faut toujours s'en tenir à sa ligne de conduite.

*
**

Par chance, hormis ce petit raté, se dégagent de chacune des rencontres de réelles émotions. L'interview de Lio, par exemple, fut l'une de mes plus belles émissions.

En arrivant sur le plateau, la « brune qui ne compte pas pour des prunes » m'annonce tout à trac qu'elle ne souhaite pas aborder de sujets personnels. Cachant mon désappointement, je n'argumente pas. On démarre. On ouvre sur des généralités. Et soudain, c'est Lio qui se livre d'elle-même.

De son sac à main, elle sort un album de photos ayant appartenu à son père. En le feuilletant, elle m'explique son histoire. Après sa fuite du Portugal avec sa mère et sa sœur, Lio a pensé que son père ne voulait plus s'occuper d'elle parce qu'elle avait préféré suivre sa maman. Quand il est mort, elle n'est même pas allée à son enterrement.

Quelques années plus tard, elle est retournée dans leur village natal. Là, on lui a remis cet album dans lequel elle a découvert plein de photos d'elle et toute la presse que son père a découpée au moment de ses premiers succès. En fait, cet homme l'a suivie tout au long de sa carrière.

Au terme de ces confidences, Lio éclate en sanglots...

*
**

Même miracle lorsque Alain Delon accepte mon invitation. Comme je l'ai déjà raconté, j'ai eu l'honneur de faire sa connaissance des années plus tôt. Depuis les « 7 d'Or » de Rio en 1975, on s'est croisés de temps en temps dans les couloirs de Cognacq-Jay, puis au moment où M. Bouygues a racheté TF1.

Pour « Boléro », il doit évoquer Simone Signoret et lui rendre un hommage qui introduira, en seconde partie de soirée, un film qu'ils ont tourné ensemble. Cependant, à travers ses souvenirs, je souhaite aussi l'amener à se dévoiler. Or Alain est en train de vivre un drame dans sa vie. Sa femme Rosalie et lui se séparent.

Le visage fermé, miné, l'acteur déboule sur le plateau. Personne n'ose s'approcher. Au bout d'un moment, il se met à plaisanter comme il le fait toujours avec moi :

– Ne t'inquiète pas, Denise, je vais être gentil, tu vas voir...

Je redoute pourtant le pire. Si jamais je dis quelque chose qui ne lui plaît pas, il est capable de se lever et de lâcher le micro. Nul ne sait comment il va réagir. Tour à tour charmeur et redoutable, c'est un félin. Il faut vraiment se méfier des coups de patte du Guépard.

Mais contre toute attente, voilà qu'avant même le début du tournage il vient me voir et me demande mon avis : quelle cravate doit-il mettre ? Machinalement, je lui réponds. En fait, il vient de bouleverser la donne. Il aime cueillir les gens au moment où ils s'y attendent le moins.

On tourne. Introduction, présentation de l'invité et formules de politesse. Sans se faire prier, Delon me raconte Simone par rapport à Montand. Il s'émerveille des femmes de cette trempe. En a-t-il rencontré dans sa vie ?

– Oui, une : Mireille...

L'émission est lancée ! Détendu, souriant, à l'inverse de ce qu'il fait dans beaucoup d'interviews, Alain répond sans faux-semblants. On entend l'équipe retenir son souffle.

Soudain, au beau milieu d'une phrase de Delon, la technique nous interrompt :

– Excusez-nous, on a un problème en régie, il faut tout reprendre.

Quelle galère ! Et il faut que ça tombe sur ce monstre sacré... Je suis furieuse. J'imagine tout de suite qu'il va me plaquer. Mais non, il se montre formidable et recommence son récit.

– À l'époque où Montand venait de rencontrer Marilyn Monroe, un soir, Simone a pleuré dans mes bras. Puis, entre deux sanglots, elle a ajouté, sublime : « Remarque... c'est bien pour lui... »

Il parle, il parle. Ensuite on dévie, on évoque Mireille Darc. Fantastique ! Quelle interview... C'est un magnifique souvenir, et l'une de mes grandes fiertés.

*
**

De 1993 à 2002, les plus grands noms viennent sur le plateau de « Boléro », pour mon total bonheur. Enfin, j'ai une émission uniquement à moi, qui me ressemble et dont je peux tenir les rênes. Secondée par une équipe formidable avec laquelle je fais corps, je travaille avec ardeur. Je vis alors le fruit des années d'efforts, une sorte de couronnement professionnel. Quels que soient les aléas de l'existence, « Boléro » comble mes aspirations et mes ambitions.

Mais ma satisfaction atteint son summum lorsqu'en juin 2002, après un an et demi de tractations, le prince Albert de Monaco accepte de participer à l'émission. J'ai l'impression de vivre une sorte d'apothéose.

Quand je songe à Grace, sa maman, je me remémore chaque fois le moment où elle m'est apparue à la sortie de la cathédrale, le jour de ses noces, en 1956... Aucune mariée depuis n'a égalé sa beauté. Dans les années soixante, je l'ai enfin rencontrée en personne quand je présentais « Les Thés de la princesse Grace » à l'hôtel de Paris. Lors des soirées de gala, nous nous sommes croisées maintes fois par la suite, elle m'adressait toujours un mot gentil.

Plus tard, à Paris, je me souviens d'avoir conversé avec elle au cours d'un cocktail. Je venais d'avoir mes enfants. Grace connaissait les prénoms de mes filles. Nous avons parlé pendant dix minutes comme deux mamans.

Souvent, l'été, après les spectacles que proposait l'hôtel de Paris à Monaco, elle demandait à me voir. Elle m'aimait bien, elle m'appréciait. Moi, je la vénérais.

Certaines femmes ont beau avoir hérité du titre de princesse, elles n'en ont pas l'allure... Mais Grace, elle, possédait toutes les qualités des personnes de la *Haute Société*, le film qu'elle avait tourné avec Frank Sinatra. Elle était princesse avant même d'avoir rencontré Rainier. Vraiment royale, d'une grande classe, d'une élégance naturelle, cette femme extraordinaire réunissait à elle seule Hollywood et le Gotha.

À Monaco, les privilégiés vivent dans un cadre de rêve, la Principauté dans sa splendeur. Tout n'est que luxe, stars et paillettes. Or cette féerie est l'œuvre d'une famille transcendée par une femme, la princesse Grace.

Beaucoup prétendent que je suis incollable sur les sagas des têtes couronnées mais, en vérité, je n'ai qu'un amour, celui que je porte aux Grimaldi. Étant née dans la région, je considère, comme toute Méridionale qui se respecte, qu'ils font un peu partie de ma famille. Et je reste très attachée à cette principauté.

On médit beaucoup de Monaco. On mentionne des sociétés bidons, des avantages fiscaux, le blanchiment d'argent... Mais où n'y en a-t-il pas ? Partout, aujourd'hui, il y a des magouilles. En revanche, c'est aussi le lieu de magnifiques manifestations caritatives. Des ventes aux enchères, en effet, s'organisent régulièrement au profit d'associations philanthropiques. Et selon moi, ce *charity business* très prisé de nos jours a trouvé naissance sous la férule de la princesse Grace, qui a créé des fondations telles que l'Amade, l'Association mondiale des amis de l'enfance. La princesse désirait tellement venir en aide aux enfants du monde entier... À sa disparition, Albert a repris la présidence de l'Amade et, maintenant, c'est Caroline qui gère cette œuvre humanitaire. Stéphanie, pour sa part, s'occupe elle aussi de nombre d'œuvres humanitaires.

À l'époque où la fille aînée de Grace venait d'épouser le prince de Hanovre, j'ai présenté le gala annuel de cette association. Nulle part au monde les gens ne sont aussi généreux que les Monégasques. Pour se donner bonne conscience, pour plaire à leurs princes, par déculpabilisation, pour d'autres raisons ? Je m'en moque. Je constate seulement qu'ailleurs nombre de nantis se conduisent comme s'ils avaient des oursins dans les poches.

Lors des ventes aux enchères, des tables entières de multimilliardaires participent. Un soir de gala, j'ai vu Michel Pastor, principal promoteur immobilier de Monaco, accessoirement propriétaire des épiceries de luxe Hédiard et tout récemment président de l'AS-Monaco, le club de foot, aller de groupe en groupe afin de récolter des gains pour des associations d'enfants.

Lors d'une autre soirée de bienfaisance, organisée par eux en faveur de l'Amérique latine, Michel Pastor (toujours lui) et Catherine, sa femme, ont investi la scène afin de soutenir les dires du présentateur. Galvanisant le public, ils invitaient chacun à se surpasser avec autant de cœur que s'il s'agissait de réussir une affaire personnelle. Les Pastor sont de cette trempe. Ils offrent sans calculer. On l'a vu en mai 2004, lors des noces de leur fille avec David Hallyday : ils ont organisé une fête qui restera dans les annales de la Principauté. Leur amitié ne fait jamais défaut. À maintes reprises, ils me l'ont prouvé.

Voilà toutes les raisons qui m'ont poussée à désirer la présence du prince Albert sur mon plateau. Il me semble que c'est là le moindre hommage que je puisse rendre à une famille et un État qui me sont chers.

Pour la dernière émission de la saison, Albert a choisi lui-même le cadre, chez un de ses amis, dans une maison et un jardin qu'il aime vraiment. Derrière nous, en toile de fond, on aperçoit la citadelle des Grimaldi qui surplombe leur royaume.

Ensemble, on converse en marchant, comme si l'on se baladait en forêt. Se promener avec le prince Albert et trouver le ton de la confidence alors que l'on ne figure pas parmi ses familiers n'est pas évident. Mais le prince est formidable, il met son interlocuteur à l'aise. Il parle bien. Pour une fois, il parle même tellement que l'on débordera sur le conducteur. Qu'importe ! Cette entrevue appartient à un grand moment télévisuel...

Contrairement à ce que je craignais, son Altesse me communique des détails sur son enfance. Il n'appartient pas à une famille où l'on s'épanche beaucoup, pourtant, mais il joue le jeu et livre ce que les gens attendent de lui : son parcours, le mariage de Grace Kelly avec son père et une rétrospective familiale... Avouant combien il était proche de sa mère, Albert retrace leurs voyages en tête à tête tandis que Rainier se déplaçait en compagnie de ses filles. Après le récit de ses études aux États-Unis – sa première liberté –, il s'exprime sur la famille Kelly en Amérique. À travers lui, l'espace d'une soirée, il me semble vivre un conte de fées...

Mais ma propre existence, à sa manière, n'en a-t-elle pas été un ?

– VII –

UN FABULEUX DESTIN...

... et la vie continue !

Mon récit s'achève. Il serait incomplet si je ne mentionnais pas la lente agonie de ma mère, qui s'est prolongée une quinzaine d'années. Afin d'exorciser les douleurs traversées, j'éprouve encore la nécessité de parler de tout ce que ma Louise a enduré...

Tout commence en 1987 quand une voiture renverse maman tandis qu'elle marche tranquillement sur le trottoir : fracture du col du fémur. Dès lors ma mère ne rencontre qu'une succession de problèmes, de maladies plus terribles les unes que les autres. À peine est-elle remise de cette fracture qu'elle doit successivement supporter une occlusion intestinale et un cancer de l'utérus...

À ce moment-là, le docteur me dit :

– Madame, votre maman n'en a plus pour longtemps. Moi je vais faire ce que je peux, mais pour les miracles il faut vous adresser là-haut.

S'ensuit alors une visite de toutes les cliniques de

Paris. Chaque fois, curieusement, les praticiens me conseillent de prier.

Le cancer progresse lentement. Maman doit s'alimenter à la paille. Afin de ne pas perdre la tête, je commence à renouer le dialogue avec Dieu. Dès que possible, je me rends à l'église pour Lui demander qu'Il me fasse la grâce de me garder maman...

Les opérations se multiplient. Les médecins restent pessimistes. Ma mère est alors victime d'une attaque cérébrale... Nous la transportons à l'hôpital. Après des heures d'attente sans secours ni aucune aide, mon mari a soudain l'idée de génie de sortir et de téléphoner d'une cabine au standard du CHU : « Je crois, dit-il, que vous avez Denise Fabre aux urgences, vous pourriez me la passer ? » La standardiste se défile mais Francis insiste. Aussitôt le personnel hospitalier s'occupe de nous. Hélas pour peu de temps. Nous poursuivons le parcours du combattant confronté au marasme hospitalier. Une hémiplégie se déclare la nuit même. Le côté droit de maman est paralysé.

Pour fuir ce lieu de malheur, j'installe ensuite ma mère en clinique. Le spécialiste, un homme de confiance, était déjà notre médecin traitant. La paralysie régresse. Maman marche de nouveau et suit avec acharnement des séances de rééducation pour retrouver une vie normale. Cependant, malgré ses progrès et son opiniâtreté, je prends conscience de l'inéluctable.

D'hôpitaux en cliniques, j'observe aussi ce qui se passe autour de nous. Je découvre le sort des personnes âgées. S'il y a un combat que j'aimerais mener, ce serait vraiment pour elles, afin de mieux les aider.

Partout, je les regarde, elles sont seules. Dans la rue, quand elles traversent à pas menus, avec leur marché. Chez elles, quand elles sont livrées à elles-mêmes. C'est terrible ! Dans une grande ville comme Paris, où l'on court sans se préoccuper de l'essentiel et des vraies valeurs, je ne peux supporter leur solitude, leur abandon, leurs regards qui me hantent. C'est atroce à dire, mais la solitude de nos aînés représente la mort programmée de nos familles, de notre société.

Quoi qu'il en soit, j'exhorte maman à lutter. C'est notre combat à toutes les deux. On va s'en sortir... Je me bats avec elle afin de la protéger de tout. Jamais je ne l'enverrai en maison de retraite. Je ne la laisserai pas tomber. Elle le sait. Sa maladie m'incite à l'entourer sans cesse davantage. Durant les dernières semaines de sa vie, avec son infirmière, une femme merveilleuse, je transforme son appartement en un véritable hôpital ambulant.

La vie est dure, l'épreuve lourde. De plus, le père de Francis meurt, sa mère tombe malade et le suit quelques mois plus tard. Nous nous serrons les coudes pour surmonter ensemble ces chagrins.

Par son exemple, ma mère nous montre le chemin. Elle a une telle foi que celle-ci transcende tout, lui donne une force admirable. Sans cesse, elle me le répète, Dieu est avec elle pour soulager son calvaire.

À chaque problème de santé auquel maman survit, je sais gré à Dieu de m'offrir un sursis. Et quand elle commence à s'en aller, là, je Le sens. J'appelle Jésus à la rescousse. Je Lui demande de me donner la force, le courage d'accepter l'inacceptable.

Sur son lit, maman ne me dit plus rien, c'est moi qui parle. Elle glisse peu à peu. Mais elle entend, malgré tout. Avec les paupières, elle me le fait comprendre et je lui parle.

– C'est peut-être grâce au Bon-Pasteur que j'ai fait tout ce chemin...

Je désire abolir les non-dits et lui exprimer mon pardon.

Maman meurt à la fin du mois de janvier 2002. Je déteste le verbe mourir mais je m'oblige à le conjuguer. Il faut apprendre à ne pas avoir peur des mots. Louise nous quitte à l'âge de quatre-vingt-neuf ans.

C'est toujours trop tôt. On n'a pas assez pris le temps de se dire qu'on s'aimait. On ne le dit jamais assez, quand la vie bat son plein. Et quand vous perdez votre mère, vous découvrez qu'il n'existe plus personne au monde pour vous aimer d'un amour aussi inconditionnel, même si cet amour lui a parfois dicté des comportements que vous n'avez pas compris. Vous vous retrouvez face à l'immensité. À la grandeur de Dieu, aussi.

Bien que pratiquant beaucoup, je n'égrène pas le chapelet. Le soir, il m'arrive d'aller à la messe. Mais indépendamment des rites et du rituel, je vis avec Dieu tous les jours, à chaque instant, Il est là. Peut-être encore plus depuis que maman est morte. Aller à la messe, mettre un cierge à sainte Thérèse de Lisieux me donne l'énergie de poursuivre. J'appelle Jésus. Je passe par Son intermédiaire. Il est ma force.

Grâce à Lui, l'amour est là, l'amour demeure à travers la mort. La main de Dieu s'affirme. Même dans les difficultés et les épreuves, Il nous aide. Il est présent.

Quand je traverse des doutes, j'ouvre la Bible au hasard ; souvent je trouve des réponses à des questions que je me pose. Dans le quotidien, on n'est peut-être pas aussi charitables qu'on pourrait l'être, on n'aide pas les autres autant qu'on le devrait...

Désormais, je suis plus sereine. J'ai beaucoup progressé par rapport à mes peurs. Si nous comptons sur nos seules petites volontés humaines, nous ne sommes rien. Dieu soulève des montagnes par un chemin qui est le Sien. Il nous souffle la voie. Il nous insuffle vie. Lorsque le fardeau devient trop lourd, je le Lui donne. Je me remets entre Ses mains et je me sens beaucoup mieux.

La mort de maman a vraiment tout remis en question. Ma vie était plus belle en sa présence. M'occuper d'elle me remplissait de bonheur. Il ne se passait pas une journée sans que je la voie. J'ai eu beaucoup de mal à me sortir de l'apathie qu'a créée le vide de son absence. Mais depuis sa disparition, paradoxalement, ma foi est plus forte.

*
**

Dernièrement, Isabelle Giordano m'a fait la joie de m'inviter à son émission, « Le Fabuleux Destin de... ». Francis et tous les êtres qui me sont chers nous ont rejoints sur le plateau. C'était merveilleux. On a parlé du Bon-Pasteur mais, la rédaction de ce livre aidant, je n'en ai pas fait un drame. Cette épreuve n'a plus de prise sur moi.

D'autres épreuves m'attendent, je suppose, mais aussi d'autres bonnes surprises, comme celle que la vie, prodigue, m'a toujours réservées, malgré les difficultés et les peines. Pour cela aussi, je remercie Dieu. Pour l'amour de ma mère retrouvé, pour les chances offertes dans ce métier où je suis arrivée sans relations ni pouvoir, avec pour seul piston le Seigneur. Merci pour les fulgurantes rencontres que m'a procurées cette profession, pour les hommes de qualité qui ont donné du goût à mon existence, pour l'homme de ma vie, pour mes enfants. Merci de m'avoir préservée des tentations pailletées du monde du show-biz et de m'avoir fait comprendre qu'elles n'étaient, comme le carnaval de Nice, qu'un spectacle.

Mais quel spectacle !

– Remerciements –

À Michel Lafon, pour son indéfectible amitié.
À Huguette Maure, pour ses conseils avisés.
À Albertine Gentou, pour son enthousiasme.
À Pierre Fery-Zendel, pour ses encouragements.
À tous ceux que je n'ai pas cités, qui m'ont fait confiance et accompagnée tout au long de ce périple.
À tous ceux aussi qui ont semé des embûches pour m'empêcher d'avancer et qui m'ont permis de me dépasser.

– Table des matières –

LIVRE 3

Sous les projecteurs

Direction littéraire
Huguette Maure
assistée de
Maggy Noël

HORS-TEXTE PHOTOGRAPHIQUE

Crédits

- p. 1 : Michel Ristroph/*Télé 7 jours*/Scoop, Alexis Duclos/Gamma.
- pp. 2, 3 : collection privée de l'auteur.
- p. 4 : Sandy Felsenthal/Corbis, collection privée de l'auteur.
- p. 5 : R. Maestri, D. R.
- p. 6 : Robert Aim, Lucien Jacquinot/*France-Soir, Télé 7 jours*/Scoop.
- p. 7 : AFP, collection privée de l'auteur.
- p. 8 : Jean Pate, James Andanson/Corbis Sygma, Warner Vision France, collection privée de l'auteur.
- p. 9 : TF1-Galmiche/Sipa, Nice Communication, collection privée de l'auteur.
- pp. 10, 11 : Ladislas de Csabay/*Télé 7 jours*, James Andanson/Corbis Sygma, *Télé 7 jours*/Scoop, D. R., collection privée de l'auteur.
- p. 12 : AFP, Olivier Almondo/SBM, Xavier Rossi/Gamma, Raoul Liboj, D. R., collection privée de l'auteur.

Conception

Édouard Boulon-Cluzel

Réalisation

Nadège Duruflé/VANDEPUB

Composition PCA
44400 – Rezé

Impression réalisée sur CAMERON par

BRODARD & TAUPIN
GROUPE CPI

La Flèche

pour le compte des Éditions Michel Lafon
en octobre 2004

Imprimé en France
Dépôt légal : novembre 2004
N° d'impression : 26317
ISBN : 2-7499-0207-X
LAF : 605